For select readers in Korea,

May reading this book inspire you

to business entrepreneurship and leadership!

Donald J Trump

도널드 트럼프

다시 세계의 리더로

도널드 트럼프

다시 세계의 리더로

도널드 트럼프 지음 권기대 옮김

베가북스
VegaBooks

나의 부모님 메리(Mary)와 프렛(Fred) 트럼프에게

이 책을 바칩니다.

TRUMP

옮긴이의 글

You are fired! (당신, 해고야!) 짜릿한 공포와 가학적인 통쾌함이 묘하게 뒤엉킨 이 한마디로 그는 일약 리얼리티 TV 쇼의 총아가 되었다. 그렇지 않아도 이미 다채로운 삶과 비즈니스를 영위함으로써 세인들의 주목을 넉넉히 받아왔던 도널드 J. 트럼프는, 국내에서도 꽤나 널리 알려진 몇몇 안 되는 글로벌 CEO 가운데 한 사람인 동시에, 버진(Virgin) 그룹을 이끄는 리처드 브랜슨(Richard Branson)과 더불어 가장 톡톡 튀는 사고와 행동으로 눈길을 끄는 매버릭(maverick) CEO로서도 유명하다. 억만장자라고 해서 다 같은 억만장자가 아니라는 것을 새삼 실감하게 하는 이 사내는 우습고, 영리하고, 재기발랄하고, 무모하기까지 한 -그래서 천진난만하게도 느껴지는- 예순 한 살의 '젊은' 부자다.

트럼프에 대해 만연되어 있는 오해는 (혹은 이해의 부족은) 심심찮게 벌어지는 그의 '해프닝', 즉, 우스꽝스러운 기행이나 수퍼모델과의 연애행각 때문이기도 하고, 주로 부동산을 기초로 해서 그가 쌓아 올린 막대한 부의 크기 때문이기도 하다. 다시 말해서 이 사람 트럼프는 "운 좋게 부동산 대박을 몇 차례 터뜨려 돈깨나 벌었던 왈가닥 졸부"쯤으로 폄하되는 경향이 없지는 않았던 상황이다. 기요사키와 트럼프가 함께 저술했으며 최근 국내에서도 번역 출간돼 상당한 반향을 불러일으켰던 <기요사키와 트럼프의 부자>라는 책은 트럼프에 대해서도 진지하고 신중한 CEO의 면모를 어느 정도는 부여해주었던 것 같지만, 그래도 '아, TV에 자주 나오는 그 부자 양반?'이라는 고착된 이미지는 여전하다.

<다시 세계의 리더로 도널드 트럼프>가 지니는 의미는, 바로 트럼프에 대해서 사람들이 흔히 느끼기 십상인 편견의 실루엣을 전폭적으로 바꾸어줄 것이라는 데 있다. 이 책은 지금까지 그에게 유명세를 더해준 '부자 되기' 혹은 '협상의 기술' 같은 성공 인생의 지엽적인 '훈수'에 그치는 게 아니라, 삶의 태도 자체를 긍정적 -확장擴張지향적- 낙관적이면서도 현실에 꿋꿋이 기반을 두는 적극성으로 전환하라고 독려하고 있다. 트럼프만의 독특한 직설적 화법도 시원시원하고, 풍부한 사례를 곁들인 교훈들은 일상의 생활이나 업무에 밀착되어 있어 한결 가깝게 다가온다. 풍요로운 집안에서 태어났으면서도 물려받은 재산 없이 맨손으로 부동산 업계의 전설이 된 사연과, 90억 달러에 이르는 부채를 지고서도 명민한 비즈니스 결정으로써 이를 모두 해결했을 뿐 아니라 (이는 역사상 가장 극적인 비즈니스 회생으로 기록되어 있다), 다시 세계 최고의 부자 반열에 들어선 역정 등이, "내 인생의 아주 특별한 한 주일"이란 이름의 비즈니스 일지와 함께 흥미진진하게 펼쳐진다.

"사랑하지 않는 일로 인생을 낭비하다니!"로 시작해서 "육감은 최고의 고문, 본능의 소리에 귀를 기울이라—맞춤 판매가 최고의 판매, 상대가 누군지 먼저 알자—'꽃밭 속에서' 일하라—물결을 거슬러 헤엄치자, 무사태평하면 가라앉는다—나무가 아니라 숲을 보라, 하지만 숲이 변할 것에 대비

하라―경쟁은 속도에서 결판난다―페이스는 리더가 결정한다―예술작품 대하듯 일을 대하라―탐험가 클럽에 가입하라―자신감은 자석과 같다, 사람들이 꼬인다―비상하려면 내부로 손을 뻗으라," 등으로 이어지는 트럼프의 사운드바이트에는 인생의 경륜과 관록이 켜켜이 묻어난다. 이 책의 부제처럼 아마도 내일의 부자와 지도자에게 일독을 권유해도 부끄러움이 없을 듯하다. 심오한 철학이나 사상이 전개되는 고도의 전문 서적도 아니요, 부를 축적하기 위한 구체적인 방법이나 전략을 전달하는 기술 서적도 아니지만, 오히려 일반 대중, 특히 내일의 풍요로움과 리더십을 꿈꾸는 젊은 대중에게는 그 두 가지 모두를 함축해서 방향을 제시하는 바람직한 자기계발의 지침서라고 하겠다.

특히 이 책이 보여주고 있는 트럼프의 새로운 면모는, 흥미롭게도, 교육자로서의 그것인데, 그에게 교육에 대한 불같은 열정을 지핀 것은 리얼리티 쇼 어프렌티스였다고 스스로 말한다. 지구촌의 사랑을 받아온 어프렌티스는 이미 여섯 번째 시즌에 접어들어 있다. 세계 전역의 젊은이들로부터 참가 신청을 받아 10여 명만을 선발한 다음 이들을 두 팀으로 나누어 경쟁시키고, 결국 한 사람을 최종 선택하여 실제로 트럼프 그룹 회사에서 채용하게 되는 TV 쇼이다. 트럼프는 이 쇼를 직접 호스트하면서 얼마나 많은 젊은이들이 인생과 비즈니스에 대한 지식과 충고에 목말라하고 있는지를 알게 되었고, 여기서 자극을 받아 한편으로 트럼프 대학교를 건립하였고 다른 한편으로 이 책을 쓰게 되었다는 것이다. 그래서인지 <다시 세계의 리더로 도널드 트럼프>는 일찍이 전작에서 볼 수 없었던 진중함과 경험을 전수하는 자의 따사로운 마음이 페이지마다 묻어난다.

"내 이야기가 대충 끝났다고 생각하는 사람이 있다면, 글쎄, 애석하지만 다시 한번 생각해야 할 걸." 도널드 트럼프가 자신의 미래에 관해서 했던 이야기다. 그는, 그의 인생과 비즈니스는, 현재진행형이다.

현재진행형인 그의 과거와 현재와 미래를 모두 다 보고 싶다. 그래서 우리는 너무 늦기 전에 −얼굴에 환한 미소를 띠고− 이렇게 그에게 소리칠 수 있을는지 모른다.

"도널드, 풀 몬티를 해봐요
(*Go full monty, Donald*)!"

옮긴이 권 기대

FOREWORD
서문

도널드 J. 트럼프는 오랫동안 높은 명성을 누려왔지만, 어프렌티스 (The Apprentice)의 성공이야말로 그를 정말 대중의 영웅으로 만들었다. 여러 분야에서 번영을 구가하는 비즈니스를 영위하는 것 외에도 트럼프 씨는 아메리칸 드림의 상징이요, 성공의 우상인 동시에, 전 세계 수많은 사람들에게 영감을 불어 넣고 있다. 90억 달러라는 빚을 졌음에도 불구하고 악전고투하여 자신의 제국을 되찾아 더욱 키우고 억만장자가 되었다는 사실만으로도 그의 이야기는 눈길을 끌지 않을 수 없다. 트럼프 씨는 비즈니스의 구석구석을 모든 각도에서부터 샅샅이 이해하고 있다. 이 책 <다시 세계의 리더로 도널드 트럼프>에서 그는 자신의 경력을 이끌어 왔던 여러 가지 실질적인 원칙들을 우리와 나누고 있다.

교육-트럼프 대학교

트럼프 씨는 또한 교육에도 헌신적이다. 교육이야말로 자신의 성공을 위한 주된 요소라고 생각하는 그는 자신이 출연한 TV쇼 The Apprentice와 저서를 통해서, 그리고 이번엔 트럼프 대학교를 통해서, 스스로 교육가가 되기로 결심했다.

만약 당신이 성공한다면, 당신은 그걸 사회에 환원해야 한다고 나는 진심으로 느낀다. 자선사업체에게, 공동체에게, 혹은 교육의 형태로 말이다. 얻은 걸 돌려주지 않는다면, 절대로 삶의 성취감을 느끼지 못할 것이다.

도널드 J. 트럼프

트럼프 대학교는 비즈니스맨들에게 영속적인 성공을 이루기 위해 절실하게 필요한 기술들을 가르치기 위해서 설립되었다. 우리만의 독특한 교육 제품, 서비스, 교과목, 프로그램 등은 집중적이고 실용적이며 기술을 충분히 이용함으로써 사용하기 수월한 환경에서 세계 정상급의 교육을 제공한다. 트럼프 대학교의 프로그램은 온라인 코스, 멀티미디어 자택 수업 프로그램, 현장 행사, 오디오 코스 등 넉넉하고 다양한 교육의 틀로 진행된다. 또한 편리하고 성공을 지향하는 이 비즈니스 프로그램들은 사용하고 이해하고 보유하기가 쉽고도 명쾌하다.

트럼프 대학교의 학생들은 기업가와 전문가, 그리고 자신의 경력이 처해진 현 상황에 만족하지 못하는 사람들이다. 우리 학교의 교수진에는 컬럼비아 대학교, 다트머스 대학, 노스웨스턴 대학교 등 세계 최고의 교육 기관에서 초빙된 전문가들이 포함되어 있다. 그리고 우리 강사들 중에는 Fortune 500 (포춘 지 선정 500대 기업)의 고위 간부들과 탁월한 기업가들의 면면을 볼 수 있다. 그뿐인가, 도널드 트럼프의 올곧은 직관, 경험, 실질적인 노하우 역시 시종일관 학생들을 인도하고 있다.

우리 팀은 학생들이 스스로 설정한 비즈니스 목적을 성공적으로 달성하게끔 돕는 일에 헌신하고 있다. 트럼프 대학교는 어떤 일을 수행하든 타협을 모르는 품질을 추구한다는 '트럼프식 접근법'을 믿어 의심치 않는다.

이 책에 관하여

이 책은 트럼프 대학교를 통하여 탄생된 작품으로서, 마치 세계에서 가장 위대한 기업가의 한 사람과 일대일로 대화를 나누는 것과도 같다. <다시 세계의 리더로 도널드 트럼프>는 트럼프 씨의 직관과, 그 자신의 이야기, 관점, 그리고 성공을 위한 조언으로 가득 차 있다. 이 책은 또한 트럼프 그룹을 잠시 들여다볼 수 있는 기회와, 트럼프 씨의 아들 배런(Barron)이 태어날 즈음을 전후한 그의 열흘 동안의 삶을 자세히 들여다볼 수 있는 기회를 모두 제공한다.

우리 트럼프 대학교는 이 놀랍게도 굉장한 책을 여러분에게 선사하게 되어서 정말 자랑스럽다. 그의 통찰력을 함께 나누어 주신 트럼프 씨에게도 이루 말할 수 없이 고마운 마음을 전한다. 그의 앞날의 경력도 오래오래 행복하고 성공적이기를 빈다.

트럼프 대학교에 관해서 좀 더 자세한 정보를 원하신다면 www.Trump-University.com을 한번 찾아 주시기 바란다.

뉴욕에서

• 트럼프 대학교 총장 마이클 섹스턴
Michael Sexton

ACKNOWLEDGMENTS
감사의 말씀

나의 조수 로나 그래프(Rhona Graff)는 언제나 대단히 프로다운 자세로 나를 도와주었고, 이 책의 공저자인 메러디스 맥아이버(Meredith McIver)는 빠르고 책임감이 강했으며 통찰력 또한 대단했다. 그들에게 감사의 뜻을 전하고 싶다. 사진을 배치해준 케이시 케네디(Kacey Kennedy) 역시 고맙다. 여러분들 모두가 있었기에 이 일이 한결 쉬웠다.

트럼프 대학의 멋진 직원 여러분들, 특히 마이클 섹스턴 총장님에게도, 훌륭하게 일해주신 데 대해 고마움을 전하고자 한다. 이 책을 무리 없이 편찬하는 데 여러분 모두의 공헌이 컸으며, 나는 앞으로도 여러분과 함께 작업하는 기회가 더 있기를 고대한다.

마크 쉬타이절(Mark Steisel)에게도 감사의 한마디- 이 책을 저술하는 프로젝트의 시작에서부터 완성까지 뛰어나게 일해주었고 열정을 보여주었기 때문이다. 또한 나무랄 데 없이 도와주신 존 와일리 출판사(John Wiley & Sons, Inc.)의 리처드 내러모어(Richard Narramore) 편집장, 에밀리 콘웨이(Emily Conway) 부편집장에게도 특별한 감사의 말을 드린다. 그리고 에이던 싱클레어(Aidan Sinclair)는 표지 디자인에서, 애덤 아이젠슈텟(Adam Eisenstat)은 편집에서, 경이로운 성과를 보여주었다. 모든 분들에게 진심으로 감사드린다. 정말 환상적인 팀이었다!

도널드 J. 트럼프

NTRODUCTION
도입부

나는 배움에 대해서 정말로 열정을 가지고 있다. 그건 내가 워튼(Wharton School)에서 공부하던 시절, 그리고 직업상의 경험에서 우러나온 것이다. 내가 쓴 책과 내가 했던 세미나는 모두 상당히 교육적인 경향, 그러니까 "내가 배운 교훈" 식의 견지를 담고 있다. 책과 세미나의 숫자가 늘어나고 내가 출연한 TV 시리즈 "어프렌티스(The Apprentice)"의 횟수가 늘어남에 따라, 나는 정말로 많은 사람들이 내가 하고자 했던 이야기를 듣고 싶어 한다는 것을 알게 되었다. 무엇이 나를 성공으로 이끌었는지, 나의 생각과 경험으로부터 그들이 무슨 혜택을 얻을 수 있는지, 그들은 알고 싶어 했다.

사람들의 지지가 고조되자 처음엔 나도 깜짝 놀랐다. 하지만 그다지 놀랄 일은 아니었다. 주된 메시지는 이미 처음부터 거기 있었던 게 아닌가: 교육, 연구, 지식—그러니까, 전반적인 배움—그런 것들이 내가 이룩한 성공의 핵심이었으니까 말이다. 사람들이 내 책을 사보고 내 연설을 듣기 위해 모일 때, 그들은 사실 내가 늘 해왔던 것과 꼭 같은 일을 하고 있었던 게다. 좀 더 많은 정보를 습득하는 것, 좀 더 많은 걸 배우는 것.

이 책은 바로 그 대의명분을 증진하기 위해서 씌어졌다. 그건 일과 삶에 대한 나의 신념의 결집체, 즉 내 인생의 기본적인 규율과 원칙이다. 거기엔 트럼프 대학교의 블로그를 통해서 사람들이 내게 했던 질문들이며 그에 대한 내 답변들도 담겨있다. 나는 그런 정보가 여러분이 좀 더 성공적이고 좀 더 만족스러운 일과 커리어를 누릴 수 있도록 도움을 주리라고 확신한다.

내가 이 책을 쓴 또 하나의 목적은 트럼프 대학교를 여러분에게 소개하는 것이다. 여러 해에 걸쳐 내가 쌓아올린 비즈니스 지식을 전해주고, 실용적이면서도 편리한 방법으로 성공을 가르칠 수 있는 방법을 찾고 싶었던 나의 욕망에서 비롯된 것이 바로 트럼프 대학교이다. 이 대학교가 단순히 나의 이름만을 차용한 것은 아니다. 나는 적극적으로 이 대학교의 운영에 개입하고 있다. 나는 이 대학교의 학과목을 만드는 데 참여할 뿐 아니라, 여기서 제공하는 과정에는 나의 말과 생각과 이미지가 모두 녹아들어 있다.

나는 왜 트럼프 대학교의 일에 깊게, 그리고 적극적으로, 관여하는가? 그것은 내가 교육의 힘을 신뢰하고, 성공으로 가는 엔진으로서 교육의 기능을 굳게 믿어 의심치 않기 때문이다. 교육 없이 성공을 이룩한다는 것은 사실상 불가능하다. 나는 사람들을 돕고 싶은 것이며, 간단히 말해서 트럼프 대학교의 학생들은 성공하고 싶은 것이다. 나는 그들의 편이다!

재미있게 이 책을 읽고, 거기서 많은 걸 배우고, 여러분 모두의 일에 성공하기를 바란다!

뉴욕에서
도널드 J. 트럼프

목차

1

사랑하지 않는 일로 인생을 낭비하다니!

열정이 있다면 만사가 나아질 것

부동산... 거래를 성사시키는 것... 대규모 프로젝트를 건립하는 것... TV 시리즈 "어프렌티스 (The Apprentice)"에 호스트로 등장하는 것...

나는 이런 것들을 사랑한다. 그런 걸 사랑하지 않는 사람이 어디 있겠는가? 나는 일을 통해 세상에서 가장 흥미롭고 가장 능수능란한 사람들을 만나게 된다. 나는 내가 하는 일을 사랑한다. 그러기에 나는 정력적으로 일하고 더 좋은 성과를 만들어낸다. 하는 일에 열의와 정열을 쏟아 붓기 때문에, 일이 일처럼 느껴지지도 않는다. 그리고 나의 열정은 주위의 모든 사람들에게도 넘쳐흘러, 자신의 일을 가장 훌륭하게 성취하려는 동기를 그들에게 부여하는 것이다.

뤽 다바디 (Luc d'Abadie)는 레즈 휴잇 (Les Hewitt) 및 앤드루 휴잇 (Andrew Hewitt)과 더불어 ≪대학생들을 위한 집중력 (The Power of Focus for College Students) — HCI 2005년 출간≫이란 책을 저술한 바 있는데, 여기서 그는 이렇게 말했다:

소년기와 진짜 세상의 중간 어디쯤에서 두 가지 중 한 가지 일이 생긴다. 부모나 이웃이나 다른 누군가의 꿈을 좇아가기 시작한다든지, 아니면 이런

저런 커리어와 연관된 돈이나 지위를 추구하는 일에 묶여버리는 것이다. 이렇게 되면 사람들은 열정 따위는 쓰레기통 속에서 썩어가게 내버려두고, 하는 일이 지겨워 못 견디는 70 퍼센트의 사람들 속에 들어가고 마는 것이다.

오래오래 지속되는 성공 —그게 어떤 종류의 성공이든지 상관없다— 을 이룩하려면 열정이 절대적으로 필요하다. 내가 경험했기 때문에 안다. 열정이 없다면, 여러분이 무슨 일을 하든, 결국은 용두사미로 끝나든가, 아니면 기껏해야 시답잖은 성과를 보게 될 뿐이다. 여러분의 삶이, 혹은 삶의 커다란 한 부분이, 그런 식으로 끝나기를 바라는가? 여러분이 하는 일에 스스로를 완전히 던져 넣으려면, 그리하여 최고의 성공을 거두려면, 여러분은 여러분의 일을 사랑해야만 한다.

열정이 바로 추진력!

열정은 동기를 부여한다. 열정적인 사람은 결코 포기하지 않는다. 그들의 열정이 두려움을 없애버리기 때문이다. 하는 일을 사랑하기 때문에 그들은 멈추고 싶지 않다. 다른 사람들이라면 그 자리에서 그만두게 만들 장애물을 만나도, 그들은 창의적인 해결방안을 생각해낸다. 그들의 열정이 눈에는 보이지 않지만 강력한 모멘텀을 만들어내고, 그 모멘텀이 그들로 하여금 불굴의 의지를 느끼게 하는 것이다.

기막히게 멋진 아이디어를 가지고 있으면서도 모든 일을 너무나 나약하게 접근하기 때문에 그 아이디어를 실행에 옮기지 못하고 마는 사람들을 많이 봤다. 그들은 자기 아이디어가 저절로 현실화될 거라고 생각했든가, 아니면 그저 그런 아이디어에 이르렀다는 자체로 충분하다고 생각했던 게다. 분명히 여러분에게 말하노니 -아니, 그건 충분치 않다! 그 정도로 충분하게 될 일은 앞으로도 결코 없을 것이다. 아이디어는 실행으로 옮겨야만 한다. 그럴만한 동기도 없고 열정도 없다면, 그 잘나빠진 아이디어는 그저 책상머리나 여러분의 머릿속에서 끝나고 그 어디로도 가지 못하는 것이다. 열정의 결핍. 이거야말로 종종 실패와 성공을 가름하는 차이이다.

TRUMP인생코치 ; 인생은 딱 한 번, 살아있을 때 실행ㅎ

지금 이 순간 여러분이 무엇에 대해서 생각하고 있어야 하는 걸까? 거기에 생각을 집중하자. 지금 생각하고 있는 것이 무언가 여러분이 즐거워하는 것이라면, 여러분은 제대로 성공을 향한 길을 걷고 있는 셈이다.

■ 시간여유가 생길 때 여러분이 자발적으로 하는 일이 무엇인지 추적해보자. 언제나 더 많은 걸 배우고 싶고, 아무리 해도 지겹게 느껴지지 않는 것은 무엇인가? 딱히 뭐라 꼬집을 수 없이 생각이 떠돌 때면 무엇을 꿈꾸거나 생각하는가? 스스로에게 물어보라 :
  - 나는 무슨 일을 좋아하는가?
  - 나를 매혹시키는 건 뭐지?
  - 도무지 시간 가는 줄을 모르게 하는 것은 뭘까?
  - 날 행복하게 만드는 것은 무엇인가?

■ 다른 사람이 여러분에게 어울릴 거라고 제안하거나 고집하는 커리어를 맹목적으로 추구하지 말라. 여러분이 사랑하는 일을 위해서라면 설사 보수가 줄어든다고 할지라도 해볼 가치가 있을지 모른다. 그리고 여러분이

열정은 비즈니스를 창조할 수 있다. 나는 골프를 무척 좋아해서, 세계 최고 수준의 골프 코스를 건립하고 운영하기 위해 트럼프 골프 (Trump Golf)를 창립했다. 골프와 비즈니스 사이에는 비슷한 점이 많다. 둘 다 두뇌의 게임인 것이다! 내가 투입한 만큼 얻어내는 게임이다. 비즈니스 파트너와 골프를 치게 되면 긴장이 풀리고 모두가 재미있는 시간을 보내는 분위기가 형성된다. 골프란 그들을 모두 사무실에서 불러내어 햇살 가득한 대자연 속으로 데려간다. 너무도 많은 대규모의 거래가 골프 코스에서 이루어지는 것도 다 그런 이유에서다.

나는 트럼프 골프를 통하여 나의 열정과 비즈니스를 결합시키고 수익도 짭짤한 방법을 찾아냈다. 우리는 뉴욕 주 웨체스터(Westchester), 뉴저지 주 베드민스터(Bedminster), 캘리포니아 주 로스앤젤레스(Los Angeles), 플로리다 주 팜비치(Palm Beach), 그리고 그레너딘스의 커누언 섬 (Canouan Island) 등에 기막히게 아름다운 클럽을 운영하고 있다. 이 골프 코스들은 나에게 골프를 칠 수 있을 뿐만 아니라, 친구들과 비즈니스 파트너들을 접대할 수도 있는 칠 수 있는 빼어난 장소를 제공

한다. 그뿐인가, 나의 골프 코스들은 돈벌이라는 측면에서도 대성공이었다. 덕택에 나는 가끔씩 퍼팅을 놓쳐도 가슴이 덜 아프다.

ㄴ, 미국 뉴욕 주 브라이어클리프 매너 (Briarcliff Manor)에 있는 트럼프 내셔널 골프 클럽 [사진 제공 – 트럼프 재단]

나처럼 기업가라면, 장기적으로는 그 편이 훨씬 더 많은 수익을 가져다줄지도 모를 일이다.

■ 여러분의 관심을 끄는 일 중, 혹시 실제로 수익의 원천이 될 수 있는 게 없는지 살펴보라. 여러분이 좋아하는 분야에서 이미 돈을 벌고 있는 다른 사람들과 이야기를 나누어보는 것도 좋다. 그들이 하고 있는 일에 다소 변화를 준다든지, 혹은 그것을 새로운 방향으로 이끌고 나갈 수는 없을까? 그들이 도달해 있는 수준에 이르기 위해서 여러분은 필요한 훈련을 받았는가? 그들이 하는 일을 하기 위해서 여러분은 새로이 트레이닝을 받을 수 있는가?

■ 단지 돈을 위해서, 혹은 다른 사람들을 기쁘게 하려고, 어떤 커리어를 시작하지는 말라. 더구나 당신이 그 일을 좋아하지 않는 경우엔 결코 그래선 안 된다. 설사 돈을 번다 해도 여러분이 느끼는 열정의 결핍을 돈이 채워줄 수는 없다는 걸 조만간 깨달을 테니까 말이다.

경고警告 : 열정 때문에 고생문이 열릴 수도 있다.

| 열정이란 놈은 양날을 가진 칼이다. 열정은 어마어마한 동기를 부여할 수도 있지만, 다른 한편 여러분의 눈을 멀게 하여 다른 사람들은 재빨리 알아차리는 결함을 못 보게 방해할 수도 있으니까. 전체적으로 봐서 열정이란 부정적이 아니라 훨씬 긍정적이긴 하지만, 그래도 여러분은 옳고 그른 것은 구분할 수 있도록 열정을 잘 관리해야만 한다. 나는 이런 것을 일컬어 "조절된 열정 (controlled passion)"을 갖는다고 부르겠다. 그렇게 조절된 열정이란 굉장한 자산이다.

내 경우도 그랬다. 내 열정 때문에 가끔씩 재정적으로 고생하는 일이 있었다. 어떤 거래를 성사시킨다는 데 온통 흥분이 되어있을 땐, 시장 상황이 그걸 용납하지 않으리란 걸 뻔히 알면서도 뛰어들지도 모른다. 어쩌겠는가, 너무도 열정으로 불타고 있으니 어찌 되었건 해야만 직성이 풀리지 않겠는가. 그러다 보면 결과가 엉망이 되는 경우도 있다.

여러분이 정말로 열광하고 있는 일을 하기 전에, 여러분을 진심으로 위해주는 주변 분들에게서 객관적인 충고를 얻자. 솔직하고, 객관적이며, 마음을 활짝 열고 있는 그런 사람들 말이다. 그런 사람들의 의견은 심각하게 받아들여야 한다. 설사 여러분이 듣고 싶은 충고가 아니라도 그래야 한다. 실제 그 일을 할 것인가의 결정은 궁극적으로 여러분 자신의 몫이니까.

트럼프 씨, 물어볼 게 있어요
[트럼프 대학교 블로그를 방문한 사람들의 질문]

문問 |

변화하기를 꺼려하는 마음과, 비교적 해결하기 쉬운 문제점들을 들여다보지 않으려는 조직의 저항을 극복하게 만든 것은 무엇입니까?

DJT |

열정이 그 첫 번째 요소입니다. 열정이란 어려움이나 소위 불가능이란 것을 뛰어넘을 수 있잖아요? 무슨 일이든 시작을 하려면 열정이 필요해요. 당신의 열의는 다른 사람들로 하여금 당신과 함께 나서서 당신의 방식으로 사물을 보게 만듭니다. 저항으로 인해서 당신의 생각이 개선될 수 있다면, 저항은 좋은 것입니다. 누군가가 당신을 풀죽게 만들 수 있다면, 아마도 당신의 결의는 충분하지 않은 것이겠죠. 단호해지세요. 무언가 이룩하려면 그게 필요합니다.

2

목표를 높게 정하라

사람들이 "우..", "와.." 침을 흘리도록

내가 맨해턴에서 부동산을 개발하겠노라고 결심했을 때, 아버님은 도무지 그 이유를 모르겠다고 하셨다. 당신께서 브루클린과 퀸즈 지역에서 성공하셨기 때문에 나 역시 거기서 일해야 한다고 생각하신 거다. 그러나 맨해턴에 입성하는 것은 나의 오랜 목표였다. 맨해턴이야말로 비즈니스와 문화와 사회의 측면에서 세계의 진원지震源地가 아닌가! 맨해턴은 센터 스테이지였고, 내가 이름을 떨치고 싶은 것도 바로 맨해턴에서였다.

여러 해가 지난 후 내가 맨해턴에 자리를 잡고 트럼프 타워를 건설하기로 마음먹은 다음, 나는 아버지한테 나의 비전을 설명해드렸다. 나는 트럼프 타워를 딴 건물들과 구분 짓게 될 대담하고도 아름다우며 창의적인 유리와 청동의 외관을 그려보여 드렸다. 이번에도 아버님은 이해할 수가 없다고 하셨다.

― 나한텐 언제나 벽돌이면 충분했는데, 어째서 넌 유리며 청동이라야 한단 말이냐?

나는 내 나름대로의 기준을 확립하고 싶다고 차근차근 설명 드렸다.

― 전 그저 또 하나의 평범한 마천루를 짓고 싶지는 않아요. 저는 세상에서 가장 장엄하고, 눈부시며, 모두가 칭송하는 명승지를 만들고 싶다구요. 게다가

이 건물엔 저의 이름을 붙일 것이고, 따라서 이 건물은 저를 대표하게 될 테니까, 이 건물은 특별해야 해요. 뉴욕 사람들이 여태껏 봐왔던 그 어느 건물보다도 각별히 빼어나게 만들고 싶습니다.

마침내 트럼프 타워가 떠들썩한 호평 속에 준공되고 뉴욕의 명물로 자리잡게 되자, 사람들이 나의 기준을 대대적으로 받아들였다는 데는 의심의 여지가 없었다.

나를 돕는 자문단은 트럼프 타워의 로비에다 멋들어진 그림들을 거는 게 어떻겠냐고 제안했다. 나도 아름다운 예술품을 사랑하는 사람이지만, 그 아이디어는 어딘지 낡아빠진 데다 독창성도 없는 걸로 느껴졌다. 그래서 나는 그 대신 폭포를 설치하기로 결정했다. 이 폭포는 높이가 24미터를 넘었고 설치하는 데 2백만 달러나 들었다. 하지만 그것은 정말이지 장관壯觀이었고 누가 봐도 매혹적이었다. 물론 이 폭포는 뉴욕의 중요한 명물이 되었다. 말이야 바른 말이지, 내가 로비를 아름다운 그림으로 가득 채웠더라면 이토록 많은 관심을 끌 수 있었겠는가.

다시 한번 말하지만, 나는 내 자신만의 기준을 만들었고, 그만큼 목표를 높게 설정했던 것이다.

그리고 그것은 옆 사람에게도 감염된다!

| 내가 무엇을 해야 하며, 그걸 어떻게 해야 하는가에 대해서는 어느 누구라도 나름대로 의견을 가질 수 있다. 대부분의 사람들은 좋은 뜻으로 그럴 것이고 종종 건전한 충고를 내놓을 수도 있다. 하지만, 그렇다고 그들이 나에게 가장 좋은 게 무엇인지 반드시 알고 있는 건 아니다. 나의 경우를 말하자면, 내 비즈니스의 가장 큰 즐거움은 내 자신의 비전과 독창성을 실행하는 것, 그리고 나 자신을 표현하는

것이다. 나는 더 크고, 더 대담하고, 더 아름다운 프로젝트를 펼침으로써 나를 표현한다. 그러니까, 상상력과 스타일과 넓이와 깊이와 규모로 가득한 모험 – 사람들이 침을 흘리며 "우", "와" 소리를 지르게 만들고 어느 누구의 예상보다도 더 높은 결과를 보여주는 프로젝트 말이다.

하나의 비즈니스가 어떻게 움직이는가, 그 비즈니스가 제공하는 재화나 용역의 질質 – 이런 것은 꼭대기에서 시작되어 밑으로 퍼져나가면서 조직 전체를 아우른다. 나와 함께 일하는 사람들은 다 안다. 그들이 TV와 언론에서 보는 그 긍정적이고 열정에 가득한 사람이 한낱 껍데기는 아니라는 사실을. 나는 정말로 그런 식이다, 안팎으로 모두 그런 식이다. 나는 원대한 아이디어를 가지고 있으며, 그것들을 완수할 수 있는 에너지를 가지고 있다. 사람들이 나와 함께 일하게 되면, 그들도 신속하게 그걸 터득한다. 내가 누구인지, 나와 나의 조직이 어떻게 움직이는지를 그들은 깨닫는 것이다. 나의 에너지와 긍정적인 태도는 주위로 감염된다. 그래서 사람들은 열정적으로, 지치는 법도 없이, 단호한 태도로 일하게 되며, 그래서 빛나는 성과를 이룩하는 것이다. 트럼프 재단 (Trump Organization)이 주어진 일을 완수한다는 것, 우리의 프로젝트들은 한결 같이 세계 최고 수준이라는 것, 누구나 그것을 잘 안다. 이런 정도의 성공을 설명해주는 커다란 이유는 내가 기준을 설정하고 모두가 그 기준을 만족시키기 위해서 애쓴다는 점이다.

: 도널드 J. 트럼프

여러분 스스로에게 묻자:

"나는 어떠한 기준으로 사람들이 날 알아주기를 원하는가?"

바로 그런 기준을 밝혀내어 그것을 따라가자. 여러분 스스로를 얼렁뚱땅 속이지 말자 인생이 높이뛰기라면 바(bar)를 한껏 높이 올리자!

여러분 스스로 열심히 일을 하고 싶어 한다면, 근면한 사람들이 여러분과 더불어 일하고 싶어 하는 법이다. 나와 함께 일하는 사람들은 나날의 도전을 즐기며, 맡은 임무를 위한 그들 자신의 기준도 높게 설정한다. 하여, 그들은 일을 하면서도 끊임없이 묻는다: "어떻게 해야 좀 더 많은 것을 성취할 수 있을까? 어떻게 해야 정상에 오를 수 있을까?"

TRUMP인생코치 **;**

인 생 은 딱 한 번 , 살 아 있 을 때 실 행 하 자 !

어떤 일을 책임지게 되든, 시간을 들여서 철저하게 임해야 한다. 새로운 아이디어와 새로운 영향에 마음을 활짝 열어두라. 기대하는 바에 있어서 스스로를 고정시키지 말고 언제나 융통성이 있어야 한다.

■ 여러분이 있는 분야에서 누가, 그리고 무엇이, 최고인지 알아내자. 트렌드(trend)를 만드는 사람, 지도자, 권위를 가진 사람 등이 누구인지 찾아내라. 왜 그들이 최고인가, 무슨 이유로? 그들이 따르는 기준을 배우라.

■ 여러분이 관심을 가지는 분야에서 최고가 되기 위해서는 무엇을 배워야 할지, 무엇을 해야 할지, 결정하라. 수업을 받고, 사람들을 만나보고, 도제徒弟로서 봉사도 해보고, 여러분이 세운 목표를 성취하는 데 필요한 경험을 얻자. 시간적 여유를 갖고 이 모든 것을 섭취하고, 성장하며, 철저하게 배우도록 해야 할 것이다.

내가 센트럴 파크의 저 유명한 스케이트장인 월먼 링크 (Wollman Rink)를 재건축하기로 했을 때, 나는 아래와 같은 내 자신의 원칙을 따랐다:

– 할 수 있는 한 최선의 성과를 이룩하자.

– 가능한 한 빨리 완공하자.

– 내 기준에 맞는 한 가장 적은 금액의 돈을 들이자.

당시 뉴욕 시는 이 아름다운 스케이트장을 재건축 혹은 복원하기 위해 이미 일곱 해 동안 노력해온 터였으나, 전혀 진전을 보지 못하는 것 같았다. 그리하여 내가 개입하게 되었고, 시 당국이 예상했던 비용 2,100만 달러의 10%에도 못 미치는 돈으로 석 달 안에 그 일을 완료했다. 모든 사람이 혜택을 누렸다.

나는 이 프로젝트를 위해서 나 자신의 기준을 설정했고, 그 기준에 의거해서 일했으며, 성공적으로 임무를 완수했다. 아니, 복원된 스케이트장에는 물론 폭포 같은 건 없었으며, 청동이나 유리를 씌우지도 않았지만, 그렇다고 그걸 벽돌로 재건했던 것도 아니다.

ㄴ 트럼프 월먼 스케이트장에서 스케이트를 즐기는 사람들
[사진 제공 – 트럼프 재단]

■ 여러분이 속한 전문 분야의 외부로부터 좋은 아이디어가 없을지 찾아보자. 그래서 여러분의 분야에 적용할 수 있는 이노베이션이라든지, 접근법, 실행 방법 등을 발견하자.

■ 어떤 일을 떠맡게 되든, 스스로에게 이렇게 물어보라: "어떻게 하면 이 임무를 좀 더 잘 완수할 수 있을까? 어떻게 하면 좀 더 강력하게 의견을 피력할 수 있을까? 어떻게 하면 이 일이 나 자신을 좀 더 잘 반영하도록 만들 수 있을까?" 그런 다음에 떨치고 일어나 실행하라!

3

트럼프의 스케일로 사고하라!

클수록 더 좋아

나는 별을 향해 손을 뻗는 것을 좋아한다. 나의 프로젝트 역시 그렇게 별을 향해 뻗어나갔으면 좋겠다. 나는 지금 뉴저지 주에서 가장 높은 주거용 빌딩 두 채를 건설하고 있다. 두말할 나위 없이 이 건물에도 '트럼프' 이름이 붙을 것이다. 이 중 트럼프 플라자 저지 시티(Trump Plaza Jersey City)는 4억 1,500만 달러짜리 콘도미니엄 프로젝트인데, 여기엔 각각 50층이 넘고 모두 862개의 호화찬란한 콘도미니엄으로 이루어지는 두 개의 타워가 포함될 것이다.

이 타워의 위치와 디자인은 거의 모든 기존 아파트에서 바라보는 것과는 전혀 다른 맨해턴의 숨 막히는 스카이라인을 선사할 것이다. 그리고 각각의 건물에는 옥상 수영장, 비즈니스 센터, 750 평방미터에 이르는 피트니스 센터, 실내 농구장, 그리고 거주자 전용 영화관 등을 설치할 계획이다. 그렇다, 이 타워들은 밤하늘의 별에 손을 뻗을 수야 없겠지만, 거기 사는 주민들은 천국에 있다는 생각이 들지 않겠는가!

맨해턴에서는 내가 가장 큰 부동산 개발업자이지만, 나는 헛슨 강(Hudson River)을 건너 저지 시티로 진출하리라 결심했다. 거기서 믿기 힘든 비즈니스의 잠재력을 보았기 때문이다. 나는 시대의 추세를 예측하는 데

소질이 있는데, 내가 보기엔 저지 시티의 미래는 어마어마했다. 그렇지 않고서야 왜 내가 거길 넘보았겠는가.

∟, 뉴저지 주 저지 시티의 트럼프 플라자Trump Plaza

[사진 제공 – 트럼프 재단]

자신을 제약하지 말라! 나 스스로 "트럼프의 스케일 (Trump scale)"이라고 부르는 그 정도의 척도로 생각하며, *당당하고 커다랗게* 의중을 말하라. 단독 세대 주택을 짓고 싶은가? 그렇다면 집 한 채를 넘어서 다세대 빌딩이라든지 혹은 단지團地로 건설하는 경우 얼마나 추가 비용이 드는지를 먼저 알아보아야 할 것이다. 무슨 일에 도전을 하든지, 그것을 좀 더 크게, 더 고급스럽게, 더 대담하게, 더 신명나게 만들 궁리를 해보라. 어쩌면 지금 당장이야 여러분이 꿈을 실현할 수는 없을는지 모른다. 그러나 아주 멋진 미래의 프로젝트를 위한 초석을 다지는 일일 수도 있다.

크게 생각하는 것은 그대의 마음에서 비롯된다

크게 생각할 수 있는데도 작게 생각하는 것은 우리 인생의 모든 측면에서 우리를 제약한다. 누구나 위대한 일들을 할 수 있는 능력이 있지만, 그러한 위대함을 성취하는 자신의 모습을 그리지도 못한다면 이룰 수 없는 노릇이다. 그러니까 여러분 자신의 마음가짐에서부터 시작해야만 한다.

이런 말을 기억하는가? — "정상에 오르면 외로운 법이니라." 글쎄, 나는 이 말에 동의할 수 없다. 틀림없이 누군가 경쟁이라면 질색하는 사람이 지어낸 말이 아닐까.

나는 혼자 힘으로 성공을 이룩했지만 어떤 경쟁이라도 두 손 들어 환영할 만큼 충분히 안정을 누리고 있다. 게다가 정상에 올라와 있다는 건 엄청나게 기분 좋은 일이다. 그건 여러분도 반드시 한번 시도해봐야 할 일이다. 크

: 도널드 J. 트럼프

기왕 생각할 거라면, 크게 생각하는 편이 더 나으리라.

게 생각하는 것이야말로 여러분을 정상으로 인도할 수 있다.

시작은 작게 해도 좋다!

첫 발자국은 작게 내딛고, 한걸음씩 점점 더 크게 생각하면서 정상을 향해 오르라. 사람들은 도전을 좋아한다. 그건 우리들의 본성이다. 여러분이 이러한 전제와 늘 '하나가 되어' 있다면, 여러분은 모멘텀을 쌓아올릴 수 있으며 자연스럽고 편안하게 앞으로 나아갈 수 있을 것이다.

여러분이 생각하는 목표를 생각하고, 그 목표를 이루기 위해 필요한 단계를 생각하자:

- 여러분은 커다란 계획을 가지고 있는가, 자그마한 계획을 가지고 있는가?
- 무엇이 여러분에게 제약을 가하거나 여러분을 저지沮止하는가?
- 어떻게 하면 미래에 대한 여러분의 비전을 확대할 수 있는가?

커다란 보폭으로 전진하기 위해서는 과거에 머무르기보다 미래를 관리하는 데 집중하라. 과거로부터 배우는 것은 좋지만, 과거에서 서성대지는 말라. 그건 시간의 낭비에 불과하니까. 여러분의 현재와 미래의 목표를 손에 넣을 수 있도록 도움을 주는 해결책을 찾을 수 있는데, 무엇 때문에 낡아빠진 문제에 천착穿鑿한단 말인가?

아인슈타인이 그랬다 — 지식보다도 더 중요한 것은 상상력이다! 하긴 아인슈타인 같은 천재로서는 그렇게 말하기도 쉬웠겠지만, 그의 말에는 정말 굉장한 일리가 있다. '크게' 생각할 상상력도, 능력도 없이 지식만으로는 성공할 수가 없을 것이다. 지식이란 그저 건축용 블록 같은 것이다. 상상력과 지식을 한데 잘 섞으면, 여러분의 "크게 생각하기" 탱크 속에는 어느 새 무언가 커다란 것이 들어있게 될 것이다.

TRUMP인생코치 ; 인생은 딱 한 번, 살아있을 때 실행

여러분으로 하여금 좀 더 크고, 대담하고, 다채로운 붓놀림으로 인생의 그림을 그릴 수 있게 만드는 거리낌 없는 마음가짐은 여러분 스스로 계발啓發할 수 있다.

■ 여러분이 어떤 벤처를 시작하기 전, 그것이 아직 아이디어 단계일 때, 그 벤처의 사이즈, 규모, 혹은 범위 등을 늘릴 수 있는 방법을 상상해보라. 그게 현실적이냐, 혹은 실제로 말이 되느냐, 따위는 걱정하지 말자.

■ 여러분이 지닌 어떤 아이디어, 혹은 그 아이디어의 어떤 부분을 실제로 성취할 수 있는지 알아보라. 또 나아갈 길을 가로막을지도 모르는 장애물을 밝혀내라.

■ 그런 장애물을 극복하기 위한 방법과 그렇게 하기 위한 비용을 검토하라. 예컨대 그 비용이나 리스크는 물론 소득도 나눠가지며, 재능과 전문지식과 인맥 등을 제공할 수 있는 파트너를 영입해야 할 것인가? 좀 더 대대적으로 나아가기 위해 필요한 시간, 노력, 비용 등은 그다지 두드러지게 크지는 않지만, 그 대가는 상상을 불허하리만치 엄청나게 더 많을 수 있다. 종종 목격하는 일이다.

■ 만일 여러분의 비전을 확대한 타이밍이 적절하지 않거나, 그 비용이 너무나 급격하게 증가하거나, 혹은 다른 문제점들이 너무 크다면, 여러분의

아이디어 중에서 지금 당장 성취할 수 있는 부분만 우선 시행할 것을 고려하라. 그 나머지 부분들은 상자에 꼭꼭 넣어서 보관해두자. 사태는 항상 변하기 마련이니까 말이다. 오늘은 도저히 할 수 없는 일도 내일이면 식은 죽 먹기가 될 수 있는 법!

트럼프 씨, 물어볼 게 있어요
[트럼프 대학교 블로그를 방문한 사람들의 질문]

문問

이 지구상의 어느 누구보다도 많은 것을 이미 성취한 다음에도, 당신을 끊임없이 밀어붙이는 영감靈感은 대체 무엇인가요?

DJT

난 내가 하는 일을 사랑해요. 내가 하는 일에 대한 열정이 나를 밀어주기 때문에, 그건 나한테 일처럼 느껴지지도 않거든요. 지금 내 삶의 이 시점에서 나는 꼭 일을 해야 하거나 장사를 해야 할 필요는 없지만, 그래도 그건 내가 즐기는 일입니다. 도전할 일이 거기 있는데, 한 번 부딪쳐봐야 하지 않겠어요? 진정으로 성공하자면, 하는 일을 사랑해야 합니다. 그렇지 않다면, 성공의 확률은 그다지 높지 않거든요.

내가 최초의 골프장을 건립하겠다고 맘먹었을 때, 그건 내가 생판 모르는 분야였지요. 배울 것도 무지 많았어요. 나에게 훨씬 더 익숙한 영역에서 이미 너무도 많은 성공을 거두었는데 뭣 땜에 그런 일을 벌이느냐고 사람들은 궁금해 했답니다. 나는 그렇게 대답했지요, 내가 골프 치는 걸 너무 좋아해서라고, 또 그래서 골프를 칠 수 있는 기막히게 아름다운 코스를 직접 만들고 싶다고. 맞아요, 난 골프장을 지을 필요는 없었지만, 하고 싶었습니다. 그거면 충분한 이유가 되죠. 골프 코스를 만드는 일은 엄청난 인내심과 노력을 요구했지만, 그 순간순간이 가치 있었어요.

4

만난을 무릅쓰고

고집스럽게 버티라

사람들이 뭐라고 생각할는지는 모르지만, 나는 "황금 숟가락을 입에 물고" 태어난 사람이 아니다. 이것만큼은 누구보다도 내 자신이 인정하고 또 감사하는 바인데, 나는 대단히 운이 좋았다. 그리고 훌륭한 교육이라든지 더할 나위 없이 멋진 부모님과 같은 이점도 누렸다. 하지만 나는 또한 터프하고, 단호하며, 끈질기다. 이러한 특성도 없이 성공을 누린다는 것은 도무지 있을 수 없는 노릇 아닌가.

성격이 터프하다고 해서 성질이 더럽다든가, 어렵다든가, 무분별하다는 의미는 아니다. 그것은 끈기가 있다는 얘기며, 항복하거나 포기할 줄을 모른다는 뜻이다. 그것은 내 자신을, 내 아이디어를, 내 프로젝트를 믿는다는 것이며, 한판 신나게 싸울 준비가 되어 있음을 뜻한다. 꼿꼿이 일어나 내가 믿는 것, 내가 원하는 것을 위해 싸우려면 이런 강인함이 필요한 것이다.

전쟁터에 나서면 나는 언제나 불타오른다. 전쟁이 나로 하여금 원래 가능하다고 생각했던 것보다 훨씬 더 많은 걸 하게끔 내 등을 떼밀기 때문이다. 그리하여 결국은 하나의 전쟁이 끝날 때마다 나는 더 강해지는 것이다.

라스 베이거스에서 가장 키가 큰 트럼프 국제 호텔 (Trump International Hotel & Tower)은 지금 네바다 사막 한가운데 우뚝 솟아올라 있다. 아이러니컬하게도 이 호텔은 억만장자 스티브 윈 (Steve Wynn)을 상징하는 건물 윈 라스 베이거스 (Wynn Las Vegas)와 길을 사이에 두고 정반대편에 서있다. 물론 스티브는 오랫동안 라스 베이거스의 왕초였으며, 한때는 나의 적수이기도 했다. 스티브는 미라쥐(the Mirage), 보물섬(Treasure Island), 벨라지오(Bellagio) 등의 초대형 위락시설로써 "스트립"(the Strip)을 재창조해낸 인물이다. [the Strip : the Las Vegas Strip 혹은 주민들에겐 the Boulevard 라고도 알려진 좁고 기다란 6.7킬로미터의 간선도로를 가리킨다. 전형적인 미국의 정신이 배인 거리이며, 흔히 사람들이 라스베이거스에 간다고 하면 바로 이 스트립으로 간다는 걸 의미한다. - 옮긴이 주]

내 경우와는 달리, 윈 라스 베이거스는 스티브의 이름을 달게 된 최초의 프로젝트였다.

스티브 윈과 나는 어틀랜틱 시티 (Atlantic City)에서 대결을 벌였던 1980년대부터 서로 알고 지내던 사이였다. 그것은 마치 고색창연한 서부영화의 대결과도 같았다. "이 마을은 너무 작아서 우리 둘 모두가 어깨를 펼 수는 없단 말이야." 우리는 항상 누가 크게 짓는가를 두고 겨루었으며, 건물의 크기에 상응하는 자존심 또한 대단했다. 여러 해가 흐르고 여러 건물들이 우리 손으로 건설된 후, 우리는 사이좋은 친구가 되었다. 스티브는 멋진 친구고, 내가 좋아하는 타입의 사내다. 그는 내 결혼식에도 와주었고, 나 또한 그가 사귀는 패거리와 낯설지 않다. 하지만 1980년대 당시엔 우리들의 경쟁이 뜨거웠다.

기다릴 만한 가치가 있는 일도 있다

사람들은 대부분 참을성이 없어서 신속한 결과를 원하지만, 기다리는 것이 현명한 길인 경우가 종종 있다. 느긋

ㄴ, 트럼프 플레이스 [사진 제공 - 트럼프 재단]

하게 참으며 기다리는 데엔 강인함이 필요하다. 특히 원하는 것을 얻기 위해 오랫동안 기다려야 할 때엔 더욱 그렇다.

나는 트럼프 플레이스 (Trump Place)가 제대로 굴러가는 것을 보기 위해 30년을 기다렸다. 1974년에 땅을 사놓고도 말이다. 30년이란 세월은 참으로 오랜 시간이지만, 그럴만한 가치가 있었다. 지금 이 순간 트럼프 플레이스는 맨해턴의 서쪽 헛슨 강을 따라 우뚝 솟아있으며, 뉴욕 시 계획위원회가 승인한 개발계획 중에서 역사상 가장 대규모 프로젝트다. 그것은 짜장 뉴욕의 스카이라인을 바꾸어놓았다. 내가 이 글을 쓰고 있는 지금 그 프로젝트는 절반 정도 진척되어 있으며, 이것이 완공되면 트럼프 플레이스는 모두 16개의 빌딩을 아우르면서, 예전의 철도 조차장操車場을 멋들어진 주거용 콤플렉스로 탈바꿈하게 된다.

참으로 가치 있는 것이 손쉽게 주어지는 경우란 거의 없고, 대개는 엄청난 준비와 시간과 피땀 어린 노력을 요구하기 마련이다. 그렇게 기다리는 중에 여러분의 계획이 어긋나게 만든다든지, 여러분의 발목을 잡는다든지,

방해를 하는 사람들 혹은 사건들이 생길지도 모른다. 그게 비즈니스의 현실이다.

미켈란젤로가 준 교훈

ㅣ창의력에 관해 강연을 들으러 간 적이 있었다. 거기서 강사는 독창성과 끈기는 함께 가며, 이 둘은 위대한 성취를 이루는 중요한 요소라고 말했다. 그 강사가 물었다. "미켈란젤로가 시스티나 성당(Capella Sistina : 영어로는 시스틴 성당Sistine Chapel이라고 함 − 옮긴이 주)의 천정에 그림을 그려달라는 부탁을 받았을 때, 만약 '나는 천정화天井畵는 하지 않습니다,'라면서 돌아서버렸다면 어떻게 되었을까요?"

흥미로운 생각이었다. 그러나 천정에 그림을 그린다는 건 틀림없이 미켈란젤로에게 창의력의 도전이었으리라. 미켈란젤로가 터프하고 끈질기며 결코 포기를 모르는 사내였기 때문에, 시스티나 성당의 그림은 완성되었다. 힘겹게 등을 대고 누워서 그 걸작들을 다 그려내자면 그래야만 했던 것이다.

문제란 언제나 느닷없이 불거지게 마련이다. 그러니까 예상을 해야 한다. 터프한 성격은 여러분으로 하여금 지쳐빠지거나 부정적으로 변하지 않으면서 그런 문제를 뚫고 일을 완수할 수 있게 만드는 것이다. 문제점을 미리 예측하고 대비함으로써 여러분은 시간과 자원을 절약할 것이고, 어깨를 축 늘어지게 만들 불의의 사건도 예방될 것이다.

용기

ㅣ포기하기를 거부한다는 것은 용기를 필요로 하는 일이다. 용기는 두려움의 반대인 바, 여러분은 두려움으로 인해 온몸이 얼어붙는 것을 용납할 수는 없다.

용기는 두려움이 없는 상태가 아니라, 두려움에 대한 저항이며, 두려움의 정복이다.

마크 트웨인

•

가장 재능이 풍부한 사람이 실패하는가 하면 훨씬 재능이 떨어지는 사람이 성공하는 경우가 더러 있다. 성공하는 사람들은 자신감을 갖고 앞으로 나아가며, 절대로 다른 사람들의 종용慫慂으로 포기하는 법이 없다. 나는 몇몇 측면에서만큼은 결코 변명을 받아들이지 않는데, 용기를 가진다는 것은 바로 그런 측면 가운데 하나이다.

내가 월 스트리트 40번지 건물을 사들이자, 모든 사람들이 날보고 충고했다. "이거 주거용 건물로 전환하세요." 그러나 나는 이 건물이 사무용으로 남아있어야 한다는 확신을 갖고 있었다. 물론 그런 충고를 했던 사람들은 한결같이 별의별 이유와 통계자료를 제시했지만, 나는 꿈쩍도 하지 않았다. 내 생각은 옳았다. 월 스트리트 40번지는 너무나도 바람직한 비즈니스 주소가 된 것이다. 우린 가끔 고집을 부려야 할 때, 입장을 고수하여 물러서지 않아야 할 때가 있다. 용기와 열정을 잘 결합시키면, 이런저런 기업들을 상대하건 아니면 여러분 스스로의 네트워크를 상대하건, 여러분이 세운 목표를 달성할 것이다.

TRUMP인생코치 ; 인생은 딱 한 번, 살아있을 때 실행

강인해지기 위해서 아래의 팁을 시도해보라:

ㄴ 러닝 애넥스가 주최한 세미나에서 연설하는 도널드 J. 트럼프
[사진 제공 – 더 러닝 애넥스The Learning Annex]

■ 계획하는 사람이 되자. 어떤 프로젝트를 결심하기 전에 자세하게 검토하고, 그 프로젝트를 성공리에 마치기 위해서 취해야 할 조치를 하나하나 계획하라. 프로젝트가 진행되면서 생길 수 있는 불의의 사태를 최소화하도록 애쓰라. 어떤 잠재적인 문제라도, 너무 사소하다거나 가능성이 희박하다고 해서 그냥 묵살하지 말라.

■ 있을 수 있는 잠재적인 문제점 하나하나로 인해 떠맡아야 할 가장 커다란

의무-책임을 현실적으로 평가해보자. 그런 문제 하나하나에 대처하는 비용을 미래의 가치로 추정하고, 여러분이 써야 할 시간과 자원들을 집어넣어서 생각하라.

■ 문제가 정말 생기거나 프로젝트가 지체될 때 압박을 당하는 일이 없도록, 재정적인 보호막을 만들어 두라.

지난 몇 년간 내가 책을 쓸 때마다 내가 제일 좋아하는 것은 내가 일주일간 일하는 모습을 묘사하는 부분이었다. 그래서 이 책에도 그걸 좀 넣어볼까 한다. 그걸 읽으면 아마 여러분도 나의 전형적인 한 주일 속에 얼마나 많은 게 들어있는지 알게 되리라 믿는다.

2006년 3월 중순경 나는 그 주일의 일일 활동 내역을 적어두기 시작했다. 그런데 3월 20일 우리 아기 배런(Barron)이 예정보다 일주일 빨리 세상에 태어났다. 그러니까 매일의 기록이 완전히 정확하지 못하다 하더라도 여러분이 양해를 좀 해주셔야겠다. 우리에게 배런의 탄생은 너무나도 특별했기에, 나는 그 주일의 기록을 확대해서 아기에 관한 것도 포함시키기로 맘먹었다.

갓 태어난 아기만큼 가슴 설레는 일이 또 있을까! 혹은 그만큼 스케줄을 엉망으로 만드는 일이 또 있을까! 누구든 아기를 가진 아빠에게 물어보라, 틀림없이 동의하리라. 그래도 아내 멜라니어(Melania)와 우리 귀염둥이 배런은 아빠의 여행 스케줄을 상당히 존중해주는 편이었다. 원래 배런이 태어나기로 되어 있던 예정일은 3월 26일이었는데, 공교롭게도 이날 나는 '더 러닝 애넥스 (The Learning Annex)' 측의 요청으로 샌프란시스코에서 연설을 하기로 되어 있었다. 헌데 다행스럽게도 배런은 계획을 바꾸어 한 주일 빨리 태어났고, 덕분에 우리 부부는 내 생애 최고로 멋진 사건을 집에서 함께 축하할 수 있었다. 사람들은 종종 나에게 말한다. "정말이지 당신은 얼마나 긍정적이고 낙관적인지, 놀랍네요." 어떨 때는 그게 모두 언론의 과장된 부추김이라고 생각하는 이들도 있지만, 나는 정말 행복하게 느낄 일이 너무도 많다!

: 내 인생의 아주 특별한 한 주일 (월요일)

오전 08:30 로나(Rhona)와 함께 내 스케줄, 몇 가지 계약 건, 여행 계획 등을 살펴 봄. 이번 달은 제법 정신이 없겠는 걸. 또 우리는 4월에 있을 스코틀랜드 여행에 대해서도 논의했고, 마이크 도노번(Mike Donovan)의 제안도 검토함. 마이크는 지난 15년 동안 내 전용기의 파일럿이었다. 로나로 말하자면 18년 동안이나 나를 보좌했으며, 어프렌티스에도 정기적으로 출연하여 자기 자신의 역할을 맡고 있다.

오전 09:15 팜비치에 있는 매-러-라고 클럽 (Mar-a-Lago Club)을 운영하고 있는 번트 렘키(Bernt Lembcke)가 전화를 걸어와 클럽에서 있을 엘튼 존(Elton John) 독창회를 논의함. 두 말할 필요도 없이 엘튼 존이야 비교를 불허하는 스타이기 때문에, 독창회는 완전 매진이란다. 3월 17일엔 세인트 쥬드(St. Jude) 자선무도회가 열릴 예정.

→ 엘튼 존과 포즈를 취한 트럼프
[사진 제공 – 트럼프 재단]

오전 09:30 몇 군데 전화로 답신을 줌. 그 중 하나는 월돌프 아스토리아에서 있게 될 케이티 쿠리치(Katie Couric) 자선모임과, 결장암結腸癌 퇴치를 위해 모우타운(Motown) 레코드가 주최하는 저녁행사에 관해 확인을 주기 위함. 모우타운 파티에는 몇 명의 엄청난 연예인들이 참석할 예정.

브라이언 보드로(Brian Baudreau)에게도 답신 전화. 브라이언은 라스 베이거스에 건설되고 있는 나의 타워를 감독하고 있는데, 네바다 시간이 겨우 아침 7시 반인데도 그가 벌써 일어나 업무를 보고 있다니 기분이 좋다. 라스 베이거스는 정말 굉장한 곳이고, 트럼프 국제호텔이 완공되면 찬란한 건물 하나가 거기 추가되리라.

오전 10:00 전무이자 고문변호사인 버니 다이어먼드(Bernie Diamond)에게 좀 들어오라고 부탁함. 우리는 라스 베이거스에서 필 러핀(Phil Ruffin)과 공동투자하는 문제를 논의하고, 거기에다 지을 1,200실 규모의 두 번째 타워도 협의함. 첫 번째 타워는 완공되기도 전에 모두 판매되었는데, 이건 두 번째 타워를 위해서 좋은 징조가 아닌가.

오전 10:30 아래층으로 내려가 어프렌티스를 위한 녹음을 함. 필요한 장비가 모두 우리 건물에 있어서 너무 좋다. 그래서인지 이제 이 작업은 나에게 거의 제2의 천성처럼 되었다.

오전 11:00 돈 주니어(Don Jr.)와 이방카(Ivanka)는 모두 개발 팀에 있는데, 두 사람이 역시 전무이자 고문변호사인 제이슨 그린블랫(Jason Greenblatt)과 함께 들어와서, 두바이 프로젝트에 관한 몇 가지 계획 및 파나마 오션 클럽(Panama Ocean Club)을 협의함. 최근 들어 업무는 상당히 국제적인 양상을 띠고 있음.

오전 11:45 다른 사람들은 물러가고 돈 주니어만 남았는데, 다시 개발부 부사장인 질 크레이머(Jill Cremer)와 건설부 전무인 앤디 와이스(Andy Weiss)가 합세하여, 시카고 타워 안에 건립 중인 헬스클럽에 대해 의견을 나눔. 이 건물은 기막히게 좋은 위치에 있어서 시카고의 아름다운 스카이라인을 한층 더 빛나게 할 것이다.

오후 12:15 몇 군데 더 전화를 한 다음, 피자와 다이어트 코크를 주문함. 난 점심 먹으러 밖으로 나가는 일이 드물다. 이런 전통을 지키는 이유는 점심을 먹으려고 외출을 하게 되면 주간업무를 방해받기 때문이다. 그래서 가능하면 나가지 않는다. 우편물과 기타 서류들을 좀 더 체크함.

오후 12:45 나의 선임 재무담당 임원인 앨런 웨이슬버그(Allen Weisselberg)가 몇 가지 사항을 나와 검토하기 위해 들어옴. 감사로 있는 제프 맥코니(Jeff McConney)와 에릭 재커(Eric Sacher)에게도 합석할 것을 지시함. 이 팀은 나와 오랫동안 보조를 맞추어 왔다.

오후 01:30 로재너 스코토(Rosanna Scotto)를 위해 20주년 기념 사운드바이트를 녹음한 다음, 이어서 라이선스 부서 부사장인 캐시 글로서(Cathy Glosser)와 미팅을 가지고 재비츠 센터(Javits Center)에서 곧 개최되는 안경 박람회에 관해서 논의함. [사운드바이트(soundbite)는 주로 영화나 방송계에서 사용되는 말로, 어떤 연설이나 인터뷰로부터 발췌한 짧막한 푸티지footage를 가리킨다. ─ 옮긴이 주]

오후 02:00 샌프란시스코 크로니클 (San Francisco Chronicle) 신문사에서 3월 26일
내가 현지에서 하기로 되어 있는 연설에 관하여 전화가 옴. 그런 다음 '더
러닝 애넥스' 행사를 지휘하고 있는 빌 쟁커(Bill Zanker) -그는 너무도
에너지에 넘치는 친구이며 훌륭한 프로모터이다- 에게 전화를 걸다. 빌은
샌프란시스코의 모스콘(Moscone) 센터에 6만1천 명의 청중이 모일 것으
로 예상한다고 한다. 그렇다면 사상 최대의 군중일지도 모르겠는데. 최근
에 우린 댈러스에서 훌륭한 연설 행사를 가졌었기 때문에 나는 빌의 예측
이 사실이기를 믿고 싶은 맘이 일었다.

오후 02:30 마크 버넷(Mark Burnett)에게 전화. 어프렌티스의 다음 시즌 촬영은 6월
중 로스앤젤레스에서 시작될 예정이다. 신나는 변화가 아니겠는가. 월말
경에 우리는 여기 트럼프 타워에서 여섯 번째 시즌을 위한 캐스팅 소집을
실시할 예정이다. 얼마 전에는 로스앤젤레스에서도 한 차례 캐스팅 콜을
가졌었다. 로스앤젤레스에 머무르는 동안 나는 엘런 드제너리즈 쇼우
(Ellen DeGeneres Show)와 래리 킹 (Larry King) 쇼우에 출연했다. 나
는 로스앤젤레스에서의 체류를 만끽했는데, 올해엔 이 도시에서 더 많은
시간을 보낼 터이므로 이건 좋은 일이다.
보안담당인 키스 쉴러(Keith Schiller)를 불러들여 로스앤젤레스 계획을
논의함. 지난번 여행에 관해서도 이야기를 나누었는데, 그 때는 팔로스 베
르데스(Palos Verdes)에 위치한 우리 골프장인 트럼프 내셔널 클럽도 둘
러보았었다. 또 올해 초엔 페블 비치(Pebble Beach)에서 라운딩을 한 적
도 있었는데, 이 두 골프장이 아름다운 경관에 있어서는 난형난제라는 데
두 사람이 의견을 같이 했다. 세계에서 가장 훌륭한 골프 코스를 두 개씩
이나 갖고 있다니, 캘리포니아는 운도 좋지!

오후 03:00 조지 슈타인브레너(George Steinbrenner)가 전화함. 그의
전화는 언제 받아도 즐겁다. 조지 같은 친구가 또 어디 있겠
는가. 우리는 양키 스타디움(Yankee Stadium)의 개막일인
4월 11일에 대해서 이야기했다. 나는 그날 틀림없이 참석하리
라. 4월이 되어야 발표하기로 되어있는 일이지만, 나는 뉴욕
시 북부의 교외에 있는 436에이커에 이르는 땅을 새로운 주
립공원의 건립을 위해서 기증할 계획이다. 가치로 따지면 1억
달러나 되는 땅이지만, 나는 뉴욕 사람들이 그걸 가질 자격이
있다고 생각한다.

오후 03:30 로나가 아무리 봐도 30센티미터가 넘는 높이의 우편물 꾸러
미와 다른 서류들을 들고 들어와서 날 보고 모두 훑어보라고
함. 내가 그것을 대강 훑어보는 동안은 모든 전화 연결을 보
류하라고 지시함. 상당히 많은 우편물이 지역별로 들어온다.
나는 여기에 익숙해져야 하겠지만, 가끔씩은 끝도 없는 것처
럼 보이는 수도 있다.

오후 04:30 하워드 로버(Howard Lorber) 및 애쉴리 쿠퍼(Ashley
Cooper)를 포함한 몇 사람에게 전화 답신을 함. 애쉴리는 뉴
저지에 있는 우리 골프장을 운영하고 있는데, 우리는 베드민
스터 트럼프 내셔널 골프 클럽에서 개최될 타턴 데이(Tartan
Day) 행사를 논의함. 내가 만든 골프 클럽은 모두 훌륭하게
운영되고 있으며, 골프 치기에는 더할 나위 없이 좋은 곳들이
다. 골프 코스를 직접 만드는 사람에게는, 골프를 친다는 것
도 사뭇 다르게 느껴지는 법. 그래서 나는 항상 자문한다, "이

클럽에서 골프를 치고픈 마음이 생길 것인가?" 나는 높은 기준을 가진 사람이므로, 이 골프장들은 당연히 최고다. 약속할 수 있다.

오후 05:30 트럼프 부동산의 COO인 매튜 칼라마리(Matthew Calamari)가 들어와서 이것저것 여러 가지를 논의함. 매튜는 거의 25년 동안이나 나와 함께 일해 왔으며, 만사가 제대로 컨트롤되고 있는 것 같다. 나는 그에게 내가 골프 클럽 한 군데에 쓰기 위해서 찾아 보고 있던 의자가 어떠냐고 물어본다. 우리는 아래층으로 내려가 로비에 새로 설치된 유리 진열장을 보기로 함.

오후 06:30 집으로 돌아가야겠다고 결심. 오늘은 정말 일이 많았다. 그래서 나는 엘리 베이터를 타고 아파트로 올라가기로 함.

5

지식이 없으면 승산도 없다

당신에게 유리하게끔 정보를 모으고 사용하라

여러분이 책임지는 프로젝트 하나하나에 대해서 지식을 습득하고 할 수 있는 한 모든 것을 배우라. 충분한 지식도 없이 어떤 거래를 하게 된다면, 여러분은 시간과 돈을 낭비하는 꼴이 될 것이다. 그건 마치 규칙도 모르면서 이판사판의 포커 게임을 하는 것과 다를 바 없다. 그런 풋내기의 돈쯤은 눈 깜짝할 새 앗아가는 늑대들이 우글거리고 있으므로, 여러분은 돈을 다 잃을 수밖에 없다.

여러분이 활동하는 비즈니스의 영역을 공부하라. 어떤 비즈니스이든 모두 리스크를 안고 있지만, 우리가 하는 일에 대해서 가능한 한 모든 것을 배운다면, 그 리스크는 크게 줄어들 수 있다. 좀 더 현명한 결정을 내리고 최고가 될 수 있도록 지식을 습득하라. 누구나 분야에서 최고인 사람과 친해지기를 원하는 법. 멍청한 사람 대하기를 좋아할 사람이 어디 있겠는가? 그 멍청이의 돈을 빼앗으려는 경우를 제외하고 말이다.

지식의 어떤 점이 재미있는지 아는가? 그건 일단 지식을 얻기 시작하게 되면, 누구나 거기 중독이 된다는 사실이다. 점차 견문이 넓어짐에 따라 이해력도 개선되고, 여러분은 더욱 전문가가 되며, 여러분의 관심은 서서히 열정으로 바뀌는 것이다. 사람들은 여러분의 지식을 인식하게 되고 그로 인해 여러분을 존경하게 된다. 그들은 조언을 얻을까 하여 여러분을 찾을 터인데, 그것은 기분 좋은 일일 뿐 아니라 유용한 일이기도 하다. 왜냐하면 그사람들도 그 보답으로 여러분을 도와주려 할 것이기 때문이다.

우리가 지식을 습득하게 되면, 우리는 흥미만점의 사람이 되는 동시에 만사에 흥미를 느끼는 사람이 되기도 한다. 그러니까 일찌감치 시작하여, 나이와 이룬 업적에 관계없이 계속해서 배우도록 하자. 배우기를 멈추지 않는다면 여러분은 날카로운 최첨단의 정신력을 키울 것이고, 그것은 여러분의성공을 돕고 새로운 관심을 유발시킬 것이다.

대학 다닐 때 나는 틈만 나면 부동산과 저당권 상실 따위에 관해서 읽곤했다. 그런 주제에 관심이 많았고 정말로 배우고 싶어서 그랬지, 무슨 시험에 합격하려고 그런 건 아니었기 때문에, 나는 혼자 힘으로 계속 읽어나갔다. 이러한 나의 과외 공부 덕택에 나는 생애 최초의 부동산 거래를 성공적으로 수행했으며, 여기서 내 사업을 시작하기에 충분한 종자돈을 벌었다. 그 후 나는 1,200 가구 규모의 주거용 건물 개발 건을 알게 되었다. 그 중 800 가구는 비어 있었다. 그것은 재앙이었다. 개발업자는 이미 파산해버렸고 정부가 건물에 저당을 잡았지만, 나는 거기서 좋은 기회를 보았다. 나는 열심히 일했고 많은 것을 배웠으며, 그것은 나에게 확신을 심어주었을 뿐 아니라 부동산 업계에서 성공하고 싶은 내 욕망을 채찍질했다.

나는 그 첫 번째 거래에서 내가 시작했던 패턴을 평생토록 계속했다. 그것은 어떤 벤처에 전념하기 전에 반드시 그것을 완전히 연구한다는 원칙이다. 모든 사실을 알고 싶으니까 당연하지 않겠는가.

미리 조사하면 득을 보게 마련

| 월 스트리트 40번지 (트럼프 대학교의 보

금자리)의 구매에 관심이 생기자, 나는 이 건물과 건물 주인이 당면하고 있던 문제에 대해서 할 수 있는 한 깡그리 연구를 했다. 건물 자체, 그 주변 환경, 시장 상황, 그 외에 조금이라도 연관이 있는 것이라면 빠짐없이 모두 공부를 했다. 마침내 그 건물을 구입할 기회가 왔을 때, 나는 만반의 준비가 끝난 상태였고, 내가 얻고자 하는 게 뭔지를 정확히 알고 있었다. 맨해턴 남쪽에서 가장 높은 건물인 월 스트리트 40번지는 120,775 평방미터나 되는 획기적인 이정표인데, 나는 이 빌딩을 단돈 130만 달러에 샀다. 지금 이 건물의 가치가 얼마나 될까? 여러분의 상상에 맡기도록 하자. 그저 맨해턴에서 요즈음 방 하나짜리 아파트를 구하려면 100만 달러 이하로는 힘들다는 사실만 염두에 두시라.

무지는 결코 용납될 수 없는 죄다. 그것은 실패로 가는 가장 확실한 길이니까. 상황을 제대로 파악하지 못하는 것에 대해서는 그 어떤 이유도 용납될 수 없다. 갖고 있는 지식을 한데 모으고 최고를 목표로 하는 팀을 만들 때, 비로소 프로젝트는 성공하는 것이다. 나는 이런 식으로 일에 접근하며, 그 때문에 나의 프로젝트는 눈길을 끄는 장관壯觀이 되는 것이다.

넓은 지식과 견문을 갖는다는 것은 지속적이고 일상적인 과정이다. 지금 우리의 세계는 너무나도 신속하게 움직이므로, 이에 뒤지지 않고 보조를 맞춘다는 자체가 도전이다. 이에 뒤떨어진다는 것은 바로 포기를 의미한다. 포기하지 말자! 무엇이든 가능한 한 배우자! 배운 것을 어느 순간에 안성맞

: 도널드 J. 트럼프

배움의 씨앗은 어디에서든 자랄 수 있고,
따라서 여러분이 하는 일에 대해서는 아무리 많이 안다 하더라도 지나침이 없다.

ㄴ, 월 스트리트 40번지 건물
[사진 제공 - 트럼프 재단]

춤으로 편리하게 써먹을지는 아무도 모르는 일이니까.

내가 트럼프 대학교를 설립한 것은 내가 여러 해에 걸쳐 습득한 비즈니스 골프 코스를 개발할 때 나는 세계 최고 수준의 전문가들을 찾는다. 상상할 수 있는 모든 시시콜콜한 디테일, 나무, 홀, 기타 아이디어 ‑ 그런 것들에 대해 수백 가지 질문을 퍼붓는다. 그 어느 것도 우연에 맡기는 건 싫기 때문이다. 나는 최고로 좋은 제품이 뭔지, 최고로 좋은 사람들은 누구며, 최선의 진행 방식은 무엇인지 밝혀내고 싶은 것이다. 다행히도 그런 전문가들도 자기의 일을 사랑하기 때문에 내가 질문을 해대더라도 싫어하지 않는다.

그리하여 첫 삽을 뜰 때쯤이면, 나는 무엇을 해야 하는지, 전 과정이 어떻게 진행되어야 하는지를 줄줄이 꿰고 있다. 이렇게 되면 나는 프로젝트가 진척되면서 상황을 환하게 알고 있게 된다.

ㄴ 로스앤젤레스에 있는 트럼프 내셔널 골프 클럽의 10번 홀
[사진 제공 ‑ 트럼프 재단]

의 지식을 전수하고 싶었기 때문이다. 그것은 지식을 습득하는 것이 얼마나 중요한지를 강조하는 나만의 방식이다. 트럼프 대학교에서는 성공을 가르치는 실질적이고도 편리한 환경에서 정보를 얻을 수 있다.

인 생 은 딱 한 번, 살 아 있 을 때 실 행 하 자!

자, 좀 더 많은 지식을 얻기 위한 몇 가지 단계를 여기서 소개하겠다.

■ 책이나 신문 기사 혹은 웹사이트 등을 꾸준히 읽음으로써, 여러분이 흥미를 느끼는 분야에 대해 모든 것을 배우자.

■ 그렇게 읽은 것 중에 중요한 정보는 파일을 만들어두자. 저자라든지 비즈니스를 좌지우지하는 사람들의 이름도 파일로 만들어 보관하자. 그들의 웹사이트를 방문해 그들이 이룬 업적에 관해 배우자.

■ 성공한 기업가들이나 저자들, 전문가, 그리고 내부사정을 잘 아는 사람들과 접촉하고, 가능하다면 직접 만나서 조언을 구하도록 하자. 여러분이 갖고 있는 유력한 지인知人들의 네트워크를 이용해서 도움을 얻자. 혹시 이들 전문가들이 수시로 참석하는 회의나, 모임, 혹은 다른 행사 등이 있는지 알아보자.

트럼프 씨, 물어볼 게 있어요
[트럼프 대학교 블로그를 방문한 사람들의 질문]

문問

저는 미국에서 최고라고 하는 경영대학원에서 풀타임으로 MBA 과정을 밟고 있습니다. 이렇게 제가 투자하는 시간과 돈에 대해서 가장 높은 수익률을 올리려면 어떻게 해야 하는 거죠?

DJT

정규 수업이 요구하는 정도를 훨씬 넘어서서 자기 스스로 공부를 해야 합니다. 당신이 흥미를 느끼는 분야를 찾아서, 그것에 대해 배울 수 있는 모든 걸 배우세요. 아니, 그보다 더 좋은 방법은, 실제로 그 분야에 참여를 해서 경험을 쌓는 것입니다. 어떤 학교에서 공부를 하든지, 스스로 공부하는 것으로써 언제나 수업시간에 배우는 것을 보충할 수 있죠. 그렇게 되면 여러분의 시간과 투자는 가장 바람직하게 이용되는 것입니다.

6

당신 해고야!

아무도 듣고 싶지 (하고 싶지) 않은 말

여태껏 내가 성취한 모든 것, 내가 개발했던 모든 프로젝트, 내가 일구어 놓은 기막힌 조직들 – 이 모든 것에도 불구하고 나를 가장 유명하게 만든 한마디 말은 참 아이러니컬하기 짝이 없다. "당신, 해고야!" 그래, 이 한마디 땜에 난 가장 유명해졌다. TV의 힘을 적나라하게 보여주는 일이다. 길에서 생판 알지도 못하는 사람들이 나에게 걸어와, 손가락으로 나를 가리키면서 바짝 곧추 세우고는 이렇게 외치는 것이다. "당신, 해고야!" 그런 다음 미친 듯 낄낄 웃어대더니 옆에 있는 친구들에게 으쓱대며 하는 말이, "나, 방금 도널드 트럼프를 해고했다!"

그 사람들에게 신나게 웃을 수 있는 기회를 준 것과, 또 그들이 "어프렌티스"의 시청자임을 알게 되는 거야 기쁜 일이다. 또한 사람들이 말하거나 듣기를 싫어하는 말이 나랑 그처럼 밀접하게 연관되어 있다는 사실에도 이젠 무덤덤하게 되었다.

누군가를 해고한다는 것은, 설사 그게 최악이고 가장 불쾌하고 무능한 얼간이 직원이라 할지라도, 썩 유쾌한 일이 아니다. 그것은 또 비즈니스를 위해서 상당히 파괴적인 일이 될 수도 있다. 어느 직원을 해고하기로 결정하는 것은 괴로운 일이 될 수도 있고, 또 실제로 파면을 실행하는 것은 만만치 않게 어려울 수도 있다. 해고당한 직원이 적대적으로 변할 수도 있고, 뒤에 남은 동료들 역시 적의를 품을 수 있다.

피고용자를 해고하는 일은 비즈니스에 구멍을 뚫는 짓일 수도 있는데, 바로 이 때문에 그처럼 많은 기업들이 '그다지 바람직하지 못한' 직원들을 붙들고 있는 것이다. 한 직원을 대체하기 위해서 우리는 비용도 엄청 들고 시간도 많이 소모하는 채용 과정을 또 다시 거쳐야 한다. 하지만 다른 방도가 없는 경우가 자주 생긴다. 비즈니스를 계속 전진시키려면 비생산적인 사람들은 떠나야 하는 것이다.

기업이란 게 워낙 복잡한 조직이어서, 다수의 업무 수행에 의존할 수밖에 없다. 그 기다란 체인의 연결고리 하나가 제 기능을 못하거나 만족스럽게 실행하지 못하는 경우, 그 조직 전체가 피해를 입으며, 목표 달성도 어려워질 수 있다. 그러니까 그 약한 연결고리를 제거할 수밖에 없을지 모르는 것이다.

원칙대로 하기

| 직원의 해고에는 중대한 위험이 따른다. 그러니까 합당한 고려의 과정을 거치지 않고 해고하면 안 된다. 해고당한 피고용자는 종종 불평을 품고 예전 고용주를 고소하기도 하며, 더러는 말도 안 될 정도로 높은 손해배상을 타내기도 한다.

: 도널드 J. 트럼프

직원의 해고는 중요하고 책임을 요구하는 비즈니스 결정이다.
즐거운 일은 아니지만, 가지를 쳐주면 나무를 살리는 경우도 있는 법.

피고용자를 어떤 경우에 어떻게 해고할 수 있는지를 결정하는 내규內規를 만들어서 자신을 보호하고, 이 규칙을 철두철미 지키라. 고용 관련 변호사의 자문을 구하고 해고에 대한 내규와 과정을 만들어 달라고 하든가 여러분이 만든 것을 검토하게 하라. 이는 비용이 든 만큼 가치를 발하는 하나의 투자로 간주해야 할 것이다. 법정 소송에 한 번이라도 휘말리면, 설사 여러분이 승소한다 할지라도, 여러분의 비즈니스는 지리멸렬支離滅裂이 될 수 있고, 변호를 위해서 어마어마한 비용이 들 수도 있다. 게다가 만일 패소한다면, 사업이 끝장나는 경우까지 있을 수 있다.

주의하라!

│화가 났을 때라든가 다른 직원들이 보는 앞에서 누군가를 해고하면 안 된다. 피고용자의 미끼에 걸려들어 여러분이 이성을 잃어버리는 일이 있어서는 안 된다. 만약 울화가 치밀어 오르고 있다는 느낌이 들면, 당장 그 자리를 떠나버려야 한다. 다른 데로 가서 냉정을 찾으라. 완전히 냉정을 되찾으면, 그 때 누군가 객관적인 충고를 해줄 수 있는 사람과 상황을 논의하는 게 좋다. 해고를 어떻게 진행할 것인지에 대한 계획을 세우고 그걸 변호사와 함께 검토하는 것을 고려하라.

직원들 앞에서 이성을 잃고 폭발하지 말라. 어떤 직원이 맘에 들지 않으면, 그 직원과 단 둘이서 여러분의 감정을 대화로 전달하는 게 좋다. 누구나 들을 수 있는 공식적인 자리라든지 다른 직원들까지 지켜보거나 들을 수 있는 자리에서 하지 말라. 어떤 직원과 따로 만나게 되면 그 사람이 적대적으로 변할 수도 있어 걱정이 되는 경우엔, 다른 직원을 그 자리에 합석하도록 하라. 필요하면 그냥 일어서서 떠날 수 있도록, 여러분의 사무실이 아니라 중립적인 장소에서 만나도록 하라.

피고용자와의 계약 만료 회의에서는 논쟁이나 말다툼에 끌려 들어가면 안 된다. 공손하고, 예절 바르고, 사무적으로 대하라. 상대방이 불쾌한 심경이리라는 것을 예상하고, 단도직입적이면서도 정중하게 말하되, 그 직원에게도 충분히 말할 기회를 제공하라.

다행스럽게도 나는 열심히 일하고 그런 노력으로부터 성취감을 만끽하는 사람들을 주위에 끌어 모으는 것 같다. 내가 해고했던 사람들의 대부분은, 자신들의 업무 수행이 만족스러운 수준에 이르지 못했음을 알았고, 따라서 그 방면에서는 거의 문제가 없었다. 나는 까다롭게도 요구 사항이 많지만 동시에 공평하다. 그리고 사람들은 그 점을 알고 있다. 양쪽 모두에게 일정한 수준의 객관성이 있어서, 이런 종류의 상황이 벌어질 때 상당히 도움이 된다.

TRUMP 인생코치 ; 인생은 딱 한 번, 살아있을 때 실행

꼭 누군가를 해고해야 한다면 여기서 몇 가지 팁을 소개하겠다.

- 직원들의 업무 수행에 관한 문제점을 무시하지 말라. 그들에게 더 빨리 이야기를 나누면 나눌수록, 그를 다시 정상적인 궤도에 올릴 가능성도 한층 더 높아진다. 피고용자들로부터 최대의 성과를 얻어내는 것은 여러분이 강력한 리더라는 징표이다.

- 성과가 시원찮은 직원의 경우 혹시 추가 훈련이나, 보조 장비나, 임무의

변경 등을 통해 개선의 여지가 없을 것인지 살펴보라.

■ 만약 개선이 가능하다고 믿는다면 그 직원을 만나서 일정한 기간을 주면
서, 그 기간 내에 측정할 수 있는 결과를 달라고 하라. 여러분이 요구하는
바를 정확히 알게 하고, 여러분이 기대하는 것을 꼬집어 말해주라. 그리
고 만약 여러분이 요구하는 것이 만족스럽게 제공되지 않는다면, 그 직원
은 해고당할 것이라는 걸 에두르지 말고 알려주어야 한다. 그리고는 말한
대로 수행하라.

■ 해고라는 것은 감정적으로 될 수 있기 때문에, 실제로 어느 직원을 해고
하기 전에 객관적인 조언을 줄 수 있는 사람과 상황을 논의하는 게 도움
을 주는 경우가 많다. 회사 외부에 있어 충분한 거리를 두고 건전한 충고
를 할 수 있는 누군가와 이야기를 나누어 보는 게 현명할지도 모르겠다.
그러나 회사 내부의 사람이라도 여러분이 객관적이리라고 믿는다면, 그
에게 부탁을 해도 좋겠다.

■ 전화로 여러분에게 훌륭한 충고를 해줄 수 있는 사람, 여러분이 존경하는
사람들을 생각해보자. 그들 중 누가 가장 좋은 판단을 할 것인가, 누가 기
업을 운영한다는 현실을 가장 잘 이해할 것인가, 그리고 누가 가장 기꺼
운 맘으로 나를 도와줄 것인가? 몇몇 사람을 골라 리스트를 만들고, 처음
사람이 안 될 때는 곧바로 리스트의 그 다음 사람에게 연락을 할 수 있도
록 하라.

트럼프 씨, 물어볼 게 있어요
[트럼프 대학교 블로그를 방문한 사람들의 질문]

문問 |

요즈음 회사들은 왜 조금도 주저함이 없이 수천 명의 직원을 해고하고, 봉급 삭감을 강요하고, 임금을 낮게 책정하고 복지후생을 깎아내리는 거죠?

DJT |

기업이란 대부분 최종 수익을 주의 깊게 지켜봅니다. 어떨 때는 과격하거나 불공평하게 보이는 조치라도 하지 않으면 살아남을 수가 없게 되죠. 비즈니스의 세계에서 기업이 없으면 일자리도 있을 수 없지만, 약간이라도 기업이 살아있으면 일자리도 조금은 있게 마련입니다. 언제든지 여러분 자신에게 가장 유리한 쪽을 위해서 눈을 뜨고 있어야 합니다. 만약 몸담고 있는 조직이 불공평하거나 파렴치하다고 생각한다면, 다른 직장을 찾도록 하십시오. 여러분 스스로 고용주의 입장에 있다고 상상해보세요. 어쩌면 당신의 고용주도 그 비즈니스와 일자리를 구하려고 애쓰고 있는 건지도 모르지요. 하긴 또 달리 생각하면 그게 아닐 수도 있구요. 그러니까 사태를 양쪽 모두의 입장에서 봄으로써 공평한 판단을 내리도록 하십시오.

7

결국 실행에서 드러난다

실행하고 위험을 무릅써야 배운다

책으로 배운 지식은 풍부한데 진짜 세상에 맞닥뜨리면 어쩔 줄을 모르는 사람들이 있다. 그런가 하면 어떤 사람들은 세상 물정에 환하면서도 자신이 늘 하는 것 외에는 아무것도 다룰 줄을 모른다. 우리는 대단히 교육을 많이 받은 후보들과 학교 교육을 제대로 받지 못한 팀을 경쟁시키는 이야기를 바탕으로 TV 쇼 어프렌티스 중의 한 시즌을 만든 적이 있다. 이 두 팀이 어떤 성과를 이룩했는지 조사를 했을 때, 우리는 성공의 열쇠가 교육이 아니고 경험이라는 사실을 발견했다. 경험이란 행동에서, 그러니까 "실제로 하는" 것에서, 비롯되며 여기엔 위험을 무릅쓰는 것이 포함되어 있다. 지식은 중요하지만, 지식 하나만으로는 충분하지 않다. 그 지식의 바탕에서 행동을 해야 한다 — 즉, 그 지식을 이용해야 한다. 여러분이 무언가를 배우고, 궁극적으로 자신의 능력을 증명하는 것은, *실행하는 것*(acting)을 통해 이루어지기 때문이다.

오, 내가 얼마나 많은 위험을 무릅썼는지는 하나님만이 아시리라. 그렇다고 그 모든 게 어마어마한 성공으로 끝났던 것도 아니다. 위험도 없으면서 할 만한 가치가 있는 일이란 거의 없는 법. 그러니까 위험을 무릅쓸 각오를 해야만 한다. 마냥 안전하게 가지는 말라, 그러나 위험을 최소화하려는 노

력은 물론 해야 하며, 내가 얼마 정도를 잃을 수 있는지도 정확하게 알아야
한다. 물론 위험을 무릅쓸만한 가치가 있는 경우도 종종 있지만, 도저히 감
당할 수 없는 위험인 경우도 없지 않다.

대개의 일은 우리가 실제로 그 일을 행하게 되면 전혀 새로운 차원의 양
상을 띠게 된다. 골프는 수월하고 식은 죽 먹기처럼 보일지 모르지만, 실제
로 해보면 완전히 다르다. 갑자기 그게 얼마나 어려운 일인지 알게 되는 것
이다.

어떤 일이든지 여러분이 실제로 감행하기 전에는 과소평가하지 말라.
'프로' 들은 어떤 움직임이라도 완벽하게 소화하기 위해서 수천 시간의 땀을
흘렸기 때문에, 그 움직임이 정말 수월하게 보이도록 만드는 것이다. 프로
들이 연습하는 것을 여러분은 아마도 보지 못했겠지만, 그들은 자신의 기예
를 갈고 닦으며 기술을 향상시키기 위해 끊임없이 노력한다.

어떤 비즈니스와 여러분이 맞닥뜨리게 될 문제점을 이해하기 위해서는
여러분이 직접 일선에서 뛰어야만 한다. 경험을 얻어야 하는데, 그것은 오
로지 실제로 행함으로써만 -자주 행함으로써만- 가능하다.

실패에 대한 두려움

　실패하는 게 두려워서 아예 시도조차 하지 않는 사람
들이 많다. 그들은 꿈도 꾸고, 이야기도 하고, 심지어 계획도 세울지 모르나,
끝내 그들의 돈과 노력을 내거는 바로 그 중요한 단계를 거치지 못하는 것이
다. 사업에 성공하려면 위험을 무릅써야 한다. 설사 실패를 하는 한이 있더
라도, 그렇게 해야만 배운다. 얼음 위에서 엉덩방아를 찧어본 적이 없는 올
림픽 스케이팅 선수? 그런 건 예전에도 결코 없었고, 앞으로도 결코 없을 것
이다. 스케이트 선수는 그저 지켜보거나 이야기하는 것이 아니라, 실지로

내가 그랜드 센트럴(Grand Central) 역 근처의 코머도어 (Commodore) 호텔을 구입하고 싶었을 때, 어떤 친구가 언론에 이렇게 말했다: "트럼프의 아이디어는 마치 타이태닉호의 좌석 하나를 얻으려고 싸우는 거나 다를 바가 없군요." 이론상으로는 모든 게 나에게 불리했고, 이 프로젝트는 어마어마하게 무모한 도박처럼 보였다. 하지만 나는 하나의 비전, 하나의 계획을 가지고 있었으며, 그것이 성공하리라는 것을 나는 알고 있었다.

그래서 나는 이 드잡이 속으로 뛰어들었고, 결국 복잡한 프로젝트를 이루어냈다. 나는 그랜드 하이엇(Grand Hyatt) 호텔을 건립했으며, 그것은 굉장히 성공적인 건물이었을 뿐 아니라 그랜드 센트럴 역 주변 낙후된 지역의 재개발에 불을 지피기도 했다.

이 프로젝트를 진행하면서 나는 실행함으로써 배웠다. 이 지역이 얼마나 초라하기 짝이 없게 변했는가를 불평했던 사람들 - 그들이 나로 하여금 이 지역을 바꾸고야 말겠다는 동기를 부여했다. 그건 나도 인정해야겠다. 그러니까 나의 반응은 이랬다:

"나는 그걸 해내고야 말겠다. 그냥 흠만 잡고 있을 게 아니라 그것이 이루어질 수 있도록 만들겠다."

얼음을 지치는 것과 넘어지는 것을 통해서 기술을 습득하고 움직임에 정통 精通하게 되는 법이다.

TRUMP인생코치 ; 인 생 은 딱 한 번 , 살 아 있 을 때 실 행

도전해볼 만한 일을 스스로 찾으라. 통상적인 범위를 넘어서라.

■ 어느 정도의 리스크를 내포하고 있는 기회, 혹은 다른 사람들이 가까이하지 못하게 만드는 상황을 찾아보라. 그들이 무엇 땜에 그 상황을 회피했었는지 그 이유를 알아내고, 그런 두려움이 여전히 존재하는지 알아보라. 세상에 변하지 않는 것이라고는 없으니, 사람들이 예전에 건드리기 싫어하던 일이라 할지라도, 새로운 일이 생겼거나 상황이 변했거나 여러분의 독특한 재능 덕택에 지금은 실행 가능할지도 모른다.

■ 계획을 세울 때는, 여러분이 어느 정도의 위험을 감당할 수 있는지 알아야 한다. 여러분에게 돌아오는 것이 과연 그런 위험을 떠안을 만큼 가치가 있는지 평가하고, 얼마만큼 도박을 할 수 있는지 엄격히 한도를 설정하라.

■ 리스크를 감소시킬 수 있는 방도가 없는지 검토하라. 어느 프로젝트의 일정 부분에만 도저해본다든지, 파트너 혹은 공동 경영자를 끌어 들이는 것도 더러는 리스크를 제한하는 방안이 될 수 있다.

: 도널드 J. 트럼프

지식은 인내를 요구하고, 행동은 용기를 요구한다.
인내와 용기를 합치면 여러분은 승자가 될 것이다.

트럼프 씨, 물어볼 게 있어요
[트럼프 대학교 블로그를 방문한 사람들의 질문]

問 문

부동산 판매업을 위한 시험에 합격하기 위해서 선택한 코스가 이제 막바지에 접어들었습니다. 그런데 부동산 판매로부터 얻는 수익만으로 생활이 가능해질 때까지는 현재의 풀타임 직장을 유지해야 할 것 같습니다. 이런 경우 저는 풀타임으로 상업용 부동산 판매를 시작하기 전에 우선 파트타임으로라도 주거용 부동산 판매를 시작해야 할까요? 아니면, 곧바로 상업용 부동산업에 뛰어들어 파트타임으로 저를 고용해줄만한 회사를 찾아보는 게 좋을까요?

DJT

리스크를 지는 게 좋겠군요. 상업용 부동산업에 곧장 뛰어드세요. 기술과, 인맥과, 소요되는 노력을 근거로 한다면, 아예 풀타임으로 일하는 편이 이 분야에서 훨씬 더 성공할 가능성이 높습니다. 다른 일에 계속 손을 대면서 주거용 부동산을 판매하는 세일즈맨이 아니라, 상업용 부동산 전문가로서의 명성을 얻으란 겁니다. 만약 내가 소유하고 있는 사무용 건물을 임대해줄 사람을 찾는다면, 나는 그 일에 풀타임으로 매달리는 사람을 원할 겁니다. 내가 가지고 있는 상업용 건물을 판매해줄 사람이 필요하다면, 나는 그 분야에 전문지식을 가진 사람을 찾을 겁니다.

상업용 부동산은 뛰어들기가 훨씬 더 어려운 비즈니스입니다. 주거용을 위한 브로커야 아무라도 될 수 있지만, 처음으로 상업용 부동산 거래를 얻어걸린다는 건 여간 어렵지 않아요. 사람들은 아무래도 경험이 많은 사람과 거래하고 싶어 하니까. 당신에게 우위를 준다거나 브로커를 보조해서 다른 일을 하게 하는 상업용 부동산 회사도 더러 있을 겁니다. 그런 경우 당신은 일을 배우고 경험을 쌓아가면서 소득도 얻을 수 있지요.

| 8

육감肉感은 최고의 고문

본능의 소리에 귀를 기울이라

TV 쇼 어프렌티스를 창안했던 마크 버넷(Mark Burnett)을 처음 만나는 순간, 나는 그가 한 인간으로서나 전문가로서나 완벽하게 믿을만하다는 것을 알아차렸다. 그 때부터 곧바로 나는 그를 좋아했고 신뢰했으며, 그와 함께 비즈니스를 하고 싶었다.

그러나 반대로 만나자 마자 혐오감을 느낀 사람들도 있었다. 도무지 왜 그런지조차 알 수 없었다. 가능하면 사람을 판단하지 않으려고 노력은 하지만, 그래도 나의 육감에 귀를 기울이고 육감을 신뢰하는 걸 배웠다. 육감이야말로 나의 가장 소중한 상담역 중 하나다.

우리는 대개 본능에 —마음 속 뿌리 깊게 박힌 호오好惡와 감정들에— 날카롭게 날을 세워왔다. 그것은 우리의 육신이나 꼭 마찬가지로 우리들의 일부가 되어 있다. 이러한 본능을 무시한다는 것은 마치 우리의 눈을 불신하는 것이나 같은데, 그럼에도 불구하고 우리는 자주 그들을 무시한다. 대개는 나중에 후회하는데도 말이다. 우리들의 감정에 의문을 제기하는 건 쉬운 일이다. 특히 다른 사람들이 믿는 바와 나의 감정이 반대일 경우 더욱 그렇다. 우리는 스스로가 비논리적이다, 지나치게 감정적이다, 아니면 비합리적이다, 등으로 생각할 수도 있고, 그렇게 되면 우리가 느끼는 바를 무시하는

ㄴ, 트럼프 재단의 전무이며 CFO인 앨런 웨이슬버그Allen Weisselberg와 함께 포즈를 취한 트럼프
[사진 제공 - 트럼프 재단]

것이다. 그러나 대개의 경우, 이건 큰 실수를 저지르는 것이다!

　본능이란 지금의 나를 만들기 위해 투입된 모든 것들의 결과물이므로, 나는 나의 본능을 믿는다. 그것은 본질적인 나의 자아自我를 ―그러니까, 나의 가치관, 감정, 두려움, 경험, 목적 등을― 반영하는 것이 아닌가. 우리네 부모들, 가족, 스승, 친구들로부터 우리가 배웠던 모든 교훈의 정수精髓, 그것이 바로 본능이다. 본능은 우리의 모든 인생 경험, 특히 우리가 혼쭐이 났던 때의 경험에 근거를 두고 있다. 우리의 본능이란 우리가 살고, 행동하고, 주시注視하고, 경청하면서 발전시켜온 논리(logic)이다. 그래서 본능은 우리를 인도하고, 보호하고, 진정 우리가 어떤 인간인지를 상기시켜 준다.

　문제는 어떤 경우에 생기는가? 우리의 본능이 논리적이 아닌 것처럼 보이거나 사실과 일관성이 없는 것처럼 보일 때, 그래서 대체 어느 걸 믿어야 할지 알 수 없을 때 생긴다. 나의 경우, 그럴 때면 우선 모든 정보를 얻고, 모든 사실을 검토한 다음, 대개는 나의 육감을 따라간다.

본능을 사용하라

　│ 주위의 모든 사람들이 여러분에게 틀렸다고 주장하는 상황에서 여러분의 본능을 좇아간다는 것은 강인한 힘이 없이는 불가능하다. 다른 의견들이 분분한데다 값비싸고 명성 자자한 전문가들이 내놓은 확고한 증거를 앞에 두고서, "나 홀로"를 고집한다는 것은 어려운 노릇이다. 그러나 어떤 경우엔 그냥 그렇게 해야만 한다. 우리 자아 속의 소리에 귀를 기울이고, 그것이 지시하는 바를 믿어야 하는 것이다. 물론 마지막 분석을 할 때 그런 의사결정을 한 책임은 여러분의 어깨 위에 놓여진다. 그건 여러분의 삶이요, 여러분의 가족, 여러분의 비즈니스, 여러분의 돈, 여러분의 선택이다.

　내가 처음으로 골프장을 건립할 때, 나의 본능은 내게 속삭였다. 그건 훌륭한 사업상의 결정이라고. 골프에 대한 나의 열정과 그 과정에 대해서 내가 알고 있던 것을 결합시키면 성공하리란 것을 나는 알았다. 나는 세상에서 가장 뛰어난 골프 코스 디자이너를 찾아내 그들과 많은 시간을 함께 일했다. 결과는 더할 나위 없이 빼어났다. 본능과 논리를 성공하리라는 확신에다 결합시켰기 때문이다.

　누군가 이렇게 물은 적이 있다. 만약 당신이 정글 속에 남겨져 있다면 가이드를 한 사람 갖겠소, 아니면 지도를 한 장 갖겠소? 나는 가이드를 택하겠노라고 했다. 여러분이 자신의 감정과 본능을 올바르게 해석한다면, 그것은 소중한 가이드가 되어 여러분으로 하여금 우위를 점하게 할 것이다.

: 도널드 J. 트럼프

본능을 좇으라.
그대가 정말 어디로 가기를 원하는지 아는 것은 오로지 그대 혼자뿐.

육감을 따라 간다는 것이 여러분을 때 묻지 않은 상태로 지켜줄 수 있
다. 있는 그대로의 자아가 되는 것이 여러분의 힘을 강화해준다는 점을
명심하자.

■ 나의 가치관, 내가 가장 소중히 여기는 신념이 무엇인지 찾아내자. 나에
  게 무엇이 가장 중요한지를 마음속에 거듭 되새기자. 단순히 우리의 가치
  를 생각하는 것만으로도 우리가 내리는 결정에 영향을 미치게 될 것이다.

■ 나 스스로의 감정을 믿자. 그러나 동시에 이성에도 귀를 기울이자. 새로
  운 길과 새로운 아이디어에 항상 마음을 열어 놓음으로써, 나 자신과 나
  의 본능이 계속 성장할 수 있게 하자.

주의하라

│ 어떤 사람들은 핑계를 댄다. "내가 느끼는 바는 그래요." "나란 사
람이 워낙 그런 걸요." "나한테 통하는 건 항상 이런 방식이었다니까요. 그걸
바꿀 마음은 없어요." 이런 사람들은 사실상 단순히 변화가 무서운 것이다.

변화란 좋은 것이며 필요하기도 하다. 그냥 한번 뒤흔들어 놓기 위해서
여러분의 본능과 습관을 거슬러 가보는 것, 인생을 다른 관점에서 한번 쳐
다보는 것, 혹은 단순히 운에 한번 맡겨보는 것도 때때로 좋은 일이 될 수 있
다. 끊임없이 같은 걸 반복만 한다면 따분해서 잠이라도 들지 모르는 노릇

이다. 가끔씩은 전혀 다르게 반응하고 틀을 깨뜨려보는 기회를 찾아야 할 것이다.

트럼프 씨, 물어볼 게 있어요
[트럼프 대학교 블로그를 방문한 사람들의 질문]

문問 |

본능이란 걸 어떻게 하면 개발시킬 수 있나요? 그리고 직관을 두려움이나 의심과 구분하는 방법은 무엇인가요?

DJT |

그건 연습이 필요한 일입니다. 어떨 때는 대답이 너무나 뚜렷해서 그저 그렇게 알게 되지요. 하지만 다른 땐 그럴만한 이유가 있어서 이럴까 저럴까 망설일 겁니다. 그것은 종종 타이밍이 옳지 않다는 걸 의미하지요. 그럴 땐 머뭇거리는 것이 좋습니다. 어떤 사안事案에 대해서는 내가 시간을 끌며 기다렸다는 것이 대단히 기쁩니다. 그렇게 얻은 가외의 시간이 나로 하여금 대비를 하고 기회를 완벽하게 만들도록 도와주었기 때문이지요.

우리는 모두 다른 방식으로 암시를 얻습니다. 그러니까 여러분의 단서端緖를 해독하는 방법을 배우세요. 매일 조용하게 혼자 있는 시간을 내도록 하십시오. 주위가 온통 소란할 때는 산뜻하게 생각하기가 어렵기 때문입니다. 가끔씩은 '튠-인(tune in)' 하기 위해서 '튠-아웃(tune out)' 해야 할 필요가 있다. [tune in은 라디오나 TV의 채널을 정확히 맞추어 청취하는 것, tune out은 라디오나 TV의 잡음-신호-커머셜 등을 안 들리게 만드는 것. 주위의 소란을 피해서 가끔씩은 혼자 내부의 소리를 들어야 한다는 것을 필자가 재미있게 표현한 것이다. – 옮긴이 주]

: 내 인생의 아주 특별한 한 주일 (화요일)

오전 08:30   미스 유니버스 회장인 폴라 슈거트 (Paula Shugart)가 오는
4월 트럼프 타워에서 개최될 새 책 미스 유니버스의 미인 되
기 길잡이 (Miss Universe Guide to Beauty) 발간 기념행사
를 논의하는 미팅 때문에 도착함. 우리는 7월 중 로스앤젤레
스에서 있을 미스 유니버스 대회와, 4월 중 메릴랜드 주 볼티
모어에서 개최될 미스 아메리카 대회에 관해서도 이야기를
나누다. 지금까지 이 미인대회들은 너무나도 잘 되어 왔으니
까 새로 나온 책도 역시 성공할 것이다. 폴라는 아주 멋지게
일을 처리했다.

오전 09:30   앤디 와이스가 지붕자재를 위한 시카고 기업의 인수를 논의
하기 위해 들어옴.
보좌관인 앤디 라운트리(Andi Rowntree)에게 어프렌티스의
다음 시즌 녹화를 위해 로스앤젤레스에 파견 나갈 의향이 있
는지 물어봄. 앤디는 그것이 훌륭한 경험이 될 것이므로, 몇
달간 로스앤젤레스에 머무르기로 합의함.

오전 10:00   트럼프 대학교 마이클 섹스턴 총장과 몇 가지 세부사항을 훑
어보기 위한 미팅이 있음. 나는 언제나 교육에 관심이 많았는
데, 사람들이 교육을 받을 수 있게 만드는 것이야 말로 멋진
일이 아닌가. 메러디스 맥아이버에게 합석하여 우리가 책으

로 내기 위해 준비하고 있는 에세이의 스케줄을 검토하자고 지시함.

오전 10:45 레지스 필빈(Regis Philbin)이 전화를 해서 다시 한 번 말했다. 자기 생각엔 우리가 사내아이를 가지는 경우 레지스라는 이름이 좋을 거라고 생각한다나. 대단히 좋은 아이디어가 필요할 땐 언제나 레지스가 믿을만하지.

오전 11:00 다음 주말에 대해서 테리 런드그렌(Terry Lundgren)에게 전화로 확인. 그는 매-러-라고를 방문할 손님 중 하나이다. 돈 주니어와 이방카가 들어와 두바이에 짓고 있는 타워의 디자인에 몇 가지 변화를 줄 수 있다고 제시함. 누가 뭐래도 내 아이들이 최고이므로, 비즈니스에 대한 그들의 의견과 본능을 내가 신뢰하는 것도 무리가 아니다. 그리고 보니 아들 에릭은 5월이면 조지타운(Georgetown)을 졸업하게 된다. 아이들은 하나같이 근면한 일꾼들이다. 아이들이 자랑스럽다.

오전 11:30 멜라니어에게 전화해서 어떤지 물어봄. 곧 아기가 태어날 예정이긴 하지만, 아내는 여전히 분주한 스케줄을 소화하고 있으며, 여느 때와 마찬가지로 아름답다. 세상에서 가장 멋진 엄마가 될 것이다.

오전 11:45 4월이면 트럼프 타워 안에 메구(Megu)라는 이름의 식당이 생기는데, 킴 모우걸(Kim Mogull)이 이 식당 관련 미팅을 위해 들어옴. 환상적인 로케이션에 있는 환상적인 식당이 되리라.

오후 12:30 트럼프 타워에 소재한 식당 트럼프 그릴(Trump Grill)에 전화를 걸어 주방장인 크리스 디바인(Chris Devine)에게 맛있는 음식을 좀 보내달라고 부탁. 크리스는 내가 건강에 얼마나 신경을 쓰는지 잘 알지만, 성 패트릭의 날이 얼마 남지 않았기 때문에 콘드 비프(corned beef)와 양배추를 올려 보냄. 기막히게 맛이 좋았다.

오후 12:45 다시 한 번 뉴욕 타임즈의 베스트셀러 1위에 오른 부자 아빠, 가난한 아빠의 저자 로버트 기요사키(Robert Kiyosaki)로부터 전화를 받음. 우리는 함께 책을 쓰고 있어서, 그는 내 사무실을 몇 차례 방문했다. 게다가 러닝 애넥스 행사에서도 수시로 얼굴을 보게 된다. 로버트와 그의 아내 킴(Kim)은 대단히 성공한 인물들인데다, 대단히 행복한 커플이기도 하다.
로버트의 파트너이자 공저자인 섀런 렉터(Sharon Lechter)에게 전화를 넣어, 기요사키 부부가 타임 워너(Time Warner)에서 어떻게 지내고 있는지 알아봄. 섀런은 이 부부와 종종 함께 일을 한다. 타임 워너는 트럼프제국(TrumpNation)이란 책을 펴냈는데, 말도 안 되는 거짓으로 가득 찬 책이었다. 그래서 나는 그들에게 50억 달러의 소송을 제기하기로 마음먹었다.

오후 01:30 트럼프 월드 타워에서 가질 몇몇 행사와 머지않아 있을 트럼프 월드 타워 새 이사들과의 미팅과 관련해서 소냐 탤리즈닉(Sonia Talesnik) 변호사와 회의를 가짐.

오후 02:00 폴라 화이트(Paula White) -사람들은 그녀를 "폴라 목사님"이라 부르기도 한다- 가 잠시 사무실에 들리다. 그녀는 어마어마한 성공을 이룩했으면서도 예전이나 조금도 다름없이 순수하다.
여러 해 동안 나와 함께 일했던 중개인 라나 윌리엄스(Rana Williams)와 대화를 나눈 다음, 트럼프 국제 호텔이 문을 연 이래 줄곧 현장 브로커로 일해 온 수전 제임즈(Susan James)와도 이야기함. 두 여자 모두 굉장히 훌륭하게 업무를 수행했으며, 그들과의 업무는 언제나 즐겁다. 그들의 고객들은 참으로 운이 좋은 사람들이라고 생각한다.

오후 02:30 노마 페더러(Norma Foerderer)가 전화를 걸어, 에이브 월러스(Abe Wallace)가 쓴 "도널드 트럼프와 함께 한 10년"이란 책의 원고를 읽어봤는데, 아주 잘 썼더라고 말함. 이 책 속에는 우리가 추진했던 몇 가지 위대한 프로젝트에 대한 이야기도 있어서, 그걸 읽을 수 있게 되기를 고대한다.

나의 분장을 담당하는 새런 싱클레어(Sharon Sinclair)가 도착해서 어프렌티스 촬영을 위한 분장을 시작. 지금까지 새런은 몇 년 동안 나와 일해 주었고, 그녀는 언제 봐도 반갑다. 윗층에 올라가 오늘의 촬영을 위해 셔츠를 갈아입어야겠다.

오후 04:00 꽤나 많은 사람들이 아래층에 모여 있다. 하지만 모두들 얌전히 지켜봐서 촬영은 무사히 끝남. 오늘은 아주 완벽한 봄날이다. 그래서인지 5번가를 걸어 다니는 사람들이 유난히 많았다. 불과 3년 전만 해도 어프렌티스가 현실이 아니라 그저 하나의 아이디어에 불과했다는 게 믿어지지 않는다. 그 때 이후로 너무나 많은 변화가 있었다. 이렇게 사람이 모여드는 것이 그 중 하나다. 미디어의 힘이 어떤지를 내가 깨닫게 해주었다. 예전에도 나는 유명한 편이었지만, 그래도 이 정도는 아니었다.

오늘 도착한 우편물 일부를 검토하다가 나의 옛 유치원 선생님으로부터 온 편지를 봄. 힐더가드 스털칭(Hildegard Stoeltzing)이란 이름의 친절한 여자다. 선생님은 내가 학교에서 끊임없이 질문을 해댔기 때문에 나를 잘 기억하신단다. 그녀에게 답장을 써서 세상에는 절대로 변하지 않는 것도 있으며, 나는 지금도 꽤나 질문을 하고 산다는 이야기를 해주어야겠다. 그 덕택에 나에겐 많은 도움이 되었다는 얘기도 말이다. 또한 때늦은 감이 있지만, 날 인내심으로 대해주셔서 고마웠노라고 말하고 싶다.

항암치료를 받고 있는 재럿(Jared)이란 이름을 가진 어느 젊은이의 모친이 편지를 보내왔다. 아들이 그녀에게 이렇게 이야기했다고 한다. "슬퍼하지 마세요, 엄마. 사람들이 넘어졌다가도 다시 일어서는 일이 얼마나 자주 일어나는지 저는 알고 있으니까요." 그래서 어머니가 어디서 그런 걸 알게 되었느냐고 물었더니, 이렇게 말하더란다. "도널드 트럼프죠. 그 사람도 몇 번인가 넘어졌는데, 언제나 다시 일어섰대요. 그 양반 지금은 우뚝 일어나서 다른 사람들도 꼭 같이 일어서도록 도움을 주고 있답니다." 이 말에 나는 가슴이 뭉클했다. 이 젊은이에게 무언가 선물을 보내야겠다고 생각함. 곧 회복되기를 바란다는 쪽지를 붙여줘야지.

오후 04:30 아내한테 전화를 걸어 저녁을 어떻게 하고 싶은지 물어봄. 우리는 집에서 음식을 시켜 먹기로 함.

짐 다우드(Jim Dowd)에게서 전화가 옴. 그는 지금 자신이 세운 광고회사를 운영하고 있는데, 헤어 커터리(Hair Cuttery) 녹음을 포함해서 몇 가지 계획된 행사들을 논의함. 그의 회사는 어프렌티스의 프러모션을 담당하고 있다. 돈 주니어가 들어와 나랑 몇 가지 세부사항을 검토함. 우리 두 사람은 모두 디테일을 꼼꼼하게 챙기는 경향이 있는데, 이건 우리가 추진하고 있는 비즈니스를 생각할 때 좋은 일이다.

오후 05:15 네이턴 넬슨(Nathan Nelson) 부사장이 들어와 보험 관련 몇 가지 사항을 논의함. 네이턴은 철두철미한 사람으로 우리는 이 점을 언제나 높이 산다.

인사관리 변호사인 미셸 로우키(Michelle Lokey)와 몇몇 고용계약을 검토하기 위해 미팅이 잡혀있음. 미셸은 몇 시즌 전 어프렌티스에 출연한 적이 있으며, 뛰어난 업무 수행 능력을 보여 왔다.

오후 05:45 프로젝트 매니저인 앤디 리턴스키(Andy Litinsky)가 잠시 나를 찾아 최근 소식을 전해줌. 이 친구 앤디는 어프렌티스 2시즌에 나와서 사람들의 기억에 남아있다. 그는 당시 가장 어린 후보자였으며 하버드 대학교의 토론왕이었다. 그 쇼에서는 앤디가 해고당하는 걸로 나왔지만, 사실은 내가 고용했었다. 우리 조직에 잘 맞는 친구라는 걸 알았고, 나의 생각은 옳았다.

오후 06:00 로나가 들어와 내 연설 스케줄과 계약 건을 손보았다. 6시 반에 아직 보지 못한 우편물을 들고 집으로 향함.

9

맞춤 판매가 최고의 판매

상대가 누군지 먼저 알자

이야기하는 상대가 누구인지, 그가 어떤 배경을 가지고 있는지, 알아야 한다. 여러분이 어떤 협상을 하고 있든, 전쟁터에 나가 있든, 대중을 향한 연설을 하고 있든, 아니면 단순히 사교 모임에 섞여 있든, 여러분의 맞은편에 있는 사람에 대해서 알아야 하고, 그가 원하는 것이 무엇인지를 찾아내야 한다. 그래야만 더 나은 관계를 구축할 수 있는 것이다.

사람들이 원하는 것을 얻는 데에만 너무나도 넋이 빠진 나머지 자기 자신 이외에는 그 누구도 생각하지 않는 경우를 아주 흔히 볼 수 있다. 자기의 아이디어가 빼어나다는 생각에 너무도 도취되어서 다른 사람들의 요구와 목표를 무시하는 바람에 성공적으로 그들과의 공감에 이르지 못하는 것이다.

인간관계란 하나하나의 단계마다 남의 이야기를 경청하는 것, 마음이 통하는 것, 동일한 관심사나 경험을 갖는 것 등을 근거로 해서 구축된다. 그래서 사무실에 몇 명이 모인 경우든, 여러분의 연설을 듣기 위해 4만 명이 대강당에 모인 경우든, 청중의 마음을 읽을 수 있는 것이 너무나도 중요하다. 풀어야 할 과제는 청중과 일치된 견해 혹은 입장을 찾는 일이다.

내가 아주 어려운 협상을 하고 있는 도중에, 상대방에게 아주 혐오감을 느낀 경우가 있었다. 나의 감정 때문에 우리 사이엔 벽이 가로놓였고, 나의

└, 러닝 애넥스 부자 되기 엑스포에서 연설하는 트럼프 [사진 제공 – 트럼프 재단]

혐오감 때문에 협상은 긴장에 넘쳐 비생산적으로 되어버렸다. 우리의 거래는 바야흐로 결렬될 위기에 처했다. 그 때, 나는 상대방이 나와 마찬가지로 열렬한 골프 애호가란 사실을 우연히 알게 되었다. 그 다음 우리가 협상 테이블에 앉았을 때, 내가 그랬다. "듣자하니 골프를 좋아하신다구요?" 우리는 골프 이야기를 시작했고, 그것이 긴장을 해소했다. 그러다가 비즈니스로 화제를 돌렸을 때, 우리는 훨씬 느긋해져서 의사소통도 한결 수월했고, 결국 성공리에 거래를 마무리했다.

단순히 자격이 훌륭해서가 아니라, 고용하는 사람들과 공통된 관심사를 갖고 있었기 때문에 기막히게 좋은 일자리를 따낸 사람들의 이야기 – 허다하게 듣는 이야기가 아닌가. 물론 지원자로서 그럴만한 자격이 먼저 있어야 한다는 건 인정하자. 그렇지만 그 정도의 자격을 가진 사람이 어디 한둘인가? 명망 있는 어느 법률회사는 신참 변호사를 고용할 때, 학교에서의 성적이 탁월했다는 점 이외에도, 그가 음악 석사 학위를 가지고 있었기 때문이라는 얘기도 있었다. 마침 그를 인터뷰했던 파트너 역시 음악학자였고, 음악 학위를 따내기 위해 얼마나 많은 자제력이 요구되는지를 잘 알고 있었기 때문에, 이 경우엔 그의 음악 학위가 결정적인 요소가 된 것이다. 두 사람 모두 음악에 헌신을 하고 있다는 사실이 그들에게 공동의 끈을 제공했으며, 그 끈은 두 사람이 함께 더 훌륭하게 일할 수 있도록 도울 터였다.

청중의 주의를 사로잡자

│코미디언들이나 인기가 하늘을 찌르는 연사演士들은 청중을 한눈에 척 알아보고 자기들이 펼치는 이야기를 그 청중에 맞추는 데 전문가들이다. 코미디언의 경우는 자기가 연기를 하는 상대인 청중 그룹에 딱 안성맞춤인 이야기를 끄집어내는 걸로 시작한다. 이로써 그는 단번에 청중의 주의를 끌게 되고 하나의 공감대를 형성한다. 청중은 그를 마치 자기들 집단의 한 사람인 것처럼 생각하는 것이다. 이쯤 되면 청중은 이 코미디언을 좋아하고, 그에게 주의를 집중하며, 그가 말하는 것을 다 받아들이는 것이다.

누구를 대하든 그 사람과의 공통점을 찾아내고 거기서 실마리를 얻으라. 시간을 두고 침착하게 나가면 예전에는 없었던 공감대를 창조하게 마련이다. 예를 들어서, 여러분이 어느 행사에 참석하러 가는 길에 고약한 교통 혼잡에 묶여버렸다고 하자. 이런 것은 다른 사람들도 얼마든지 경험했을 가능성이 농후하다. 억만장자 대부호로부터 입에 풀칠하기 위해 땀 흘리는 미혼모나 학생에 이르기까지 교통체증 속에 갇히면 하릴없이 앉아있을 수밖에 없는 건 마찬가지. 그러니까 여러분이 그 끔찍한 교통지옥 이야기로 서두를 꺼낸다면, 방안을 가득 매운 사람들이 더할 나위 없이 공감한다는 듯 열심히 고개를 끄덕이는 모습을 보게 될 것이다.

영리한 사업가들은 모든 상황에 대비한다. 시장을 분석함으로써 미리 준비를 하고, 바이어가 어떤 사람인지 알아내며, 그에 따라 맞춤 세일을 하는 것이다. 이것이 바로 정상을 향해 가는 길이다.

언젠가 내가 4만 명에 이르는 청중을 상대로 연설을 한 다음 나의 팀 멤버 중 한 사람이 내게 물었다. "그렇게 엄청난 청중을 향해서 말을 하는 게 좀 겁나지 않아요?" 나는 전혀 그렇지 않다고 답했다. 내가 어떤 청중에게 연설을 하는지를 잘 아는 상태에서 연단에 오르며, 그들의 관심을 끌 수 있도록 충분히 준비가 되어있기 때문이라고 말이다. 나는 청중 속에 어떤 사람들이 있는지, 그들의 공통점은 무엇인지, 왜 나의 연설을 들으러 오는 건지, 그리고 무엇을 배우고 싶어 하는지 등을 미리 조사했었다. 그런 다음 나는 그들이 공감을 느낄 수 있는 방식으로 그들이 원하는 것을 주려고 노력했다.

TRUMP인생코치 ; 인생은 딱 한 번, 살아있을 때 실행

대개의 경우 청중과 나와의 사이에는 모종의 공감대가 있는 법이다. 그걸 찾아내는 것은 여러분의 몫이다.

: 도널드 J. 트럼프

준비가 충분히 되어 있다면 두려워할 이유가 없다.
어떤 연설이든 선전이든, 여러분이 한껏 빛을 발할 수 있는 기회라고 생각하라
- 그러면 대개는 빛을 발하기 마련이다.
언제나 청중에게 소중한 정보를 제공함으로써 약속을 지키라.
실내에 몇 사람이 모여 있든 마찬가지다.

■ 다른 사람을 다루기 전에, 우선 그들에 대해 가능한 한 모든 것을 알아내자. 그들의 배경, 관심사, 야망 등을 찾아내고 행여나 나하고 공통점이 없는지를 찾아보라.

■ 이러한 공통분모를 발견하게 되면, 그 공통점을 어떻게 해야 가장 잘 드러낼 것인지 생각하라. 나는 단도직입적인 태도가 가장 좋다고 본다. "아, 듣자하니 골프를 좋아하신다구요?" 만약 상대방이 긍정적인 반응을 보이지 않는다면, 그 점을 지나치게 추구하지 않는 편이 좋다.

■ 딱딱한 분위기를 누그러뜨릴 기회가 있다면 어떻게든 지나치지 말라. 날씨라든가 시사문제 같이 일상적인 주제는 훌륭한 출발점이 될 수 있다. 그런 것은 억만장자이든 대학교 학생이든 우리 모두에게 영향을 미치기 때문에, 우리는 좀 더 부드러운 의사소통으로 슬그머니 넘어갈 수 있다.

■ 회의가 끝났을 때라든가, 확인이나 후속조치를 위한 이메일을 보낼 때, 공통의 관심사였던 점을 가볍게 언급해주라. 이런 식의 여담餘談은 개인적으로 따스한 느낌을 더해주고, 그것은 양측의 인간관계를 한층 강화해줄 수 있다.

트럼프 씨, 물어볼 게 있어요
[트럼프 대학교 블로그를 방문한 사람들의 질문]

문問

지금 나는 작은 사업을 시작하려고 합니다. 내 사업이 앞으로 어떻게 발전했으면 좋겠다는 또렷한 비전도 갖고 있습니다. 트럼프 씨, 작지만 글로벌한 마을(관광업을 감안한다면 글로벌이죠)에서 소기업을 설립하려 할 때, 가장 중요한 다섯 가지 관점이 무엇이라고 생각합니까?

DJT

1 시장을 알자.

2 미리 조사를 하자.

3 육감을 쫓아가라. 본능을 믿으라.

4 하루도 빠지지 않고 젖 먹던 힘까지 다해서 죽으라고 일할 각오를 하라.

5 절대 포기하지 말라 – 절대로. 터프하고 끈기가 있어야 한다.

10

'꽃밭 속에서' 일하라

인생의 모든 면을 '업그레이드' 하자

나에겐 아름다움이 너무나도 중요하다. 그걸 모르는 사람이 없다. 나는 언제나 나의 삶에 아름다움을 갖고자 노력한다. 나는 최고로 능력 있는 사람들을 고용하고, 가장 멋들어진 위치를 찾아내며, 가장 좋은 자재를 사용한다. 내가 떠맡는 프로젝트마다 모두 틀림없이 진정으로 빼어난 것이 될 수 있게 만들기 위함이다. 아름다움으로 둘러싸이는 것 – '꽃밭 속에서' 일하는 것은 정말 기분 좋은 일이 아닌가. 그것은 내 인생의 모든 부분을 '업그레이드' 해주며, 나는 그런 업그레이드를 누릴 자격이 있다고 믿는다.

아름다움과 우아함이란 –그것이 어떤 여인이든, 건물이든, 예술작품이든– 단순히 피상적이거나 보기에 그저 예쁜 것은 아니다. 아름다움과 우아함은 내면 깊은 곳에서부터 나오는 개인의 스타일이 낳은 산물이다. 여러분이 아무리 열심히 애를 쓰더라도, 스타일을 살 수는 없는 노릇이다. 그것은 본질적 혹은 내재적內在的인 가치를 가지며, 내가 생각하기엔 스타일과 성공은 떼려야 뗄 수 없이 완전히 엉켜있다. 둘 중 어느 하나만 갖고 다른 하나를 포기한다는 것은 싫다.

나의 스타일은, 어떤 일을 하든 그것을 아름답게 만들기 위해 최선을 다하는 데 그 기반을 두고 있다. 사람들은 나의 스타일에 감정적으로 반응한

ㄴ, 하늘에서 내려다본 매-러-라고(Mar-a-Lago) 클럽 [사진 제공 - 트럼프 재단]

다. 그들은 내 스타일을 이해하고, 거기서 즐거움을 얻고, 그 스타일을 자꾸만 더 원했다. 나의 스타일은 나를 들뜨게 하고, 더 크고 더 낫고 더 많은 프로젝트를 실행하라는 영감을 나에게 불러일으킨다. 내가 아름다움에 이다지도 깊숙이 연관되어 있는 게 우연이랴? 아름다움은 나의 서명署名이요, 나의 상표이므로, 나는 아름다움을 거리낌 없이 실컷 가지는 것이 최고라고 생각한다.

여러분의 눈에 아름답게 보이는 것들을 생각해보라 - 여러분을 정말로 "쥑이는" 것, 정말로 "나자빠지게" 만드는 아름다움은 무엇인가? 그런 것을 여러분의 삶 내부로 끌어 들이라. 그리고 참여하고 개입하라. 그 대상이 사람이라면 그들을 가까이 알도록 하며, 그들과 값있고 즐거운 시간을 보내어, 튼튼한 인간관계를 구축하라. 여러분의 관심의 대상이 장소라면 방문하고, 경험이라면 참여하고, 아이디어라면 탐구하라. 여러분이 물질적인 대상에 이끌리는 경우라면, 가능한 한 그것을 획득하도록 고려해보라.

성공적인 사람들이 자기 주위를 아름다움으로 가득 채우는 걸 보면, 대개는 그들이 즐거움을 탐닉한다든지, 전리품을 스스로에게 선사한다든지, 아니면 허세를 부리는 것이라고 가정한다. 뭐, 그것이 사실인 경우도 더러 있지만, 아름다움과 맞닿아 있다는 것은 그 이상의 무엇을 선사한다. 그것은 성공하는 사람들을 모종의 '탁월함'에 노출시키며, 거기서 이들은 배우고, 성장하고, 자기 삶을 개선시킬 수 있다. 아름다움, 그것은 사람들의 피땀 어린 모든 노력에 대한 보답이다.

여러분이 아름다움과 맞닥뜨리면, 여러분의 인생을 구성하는 다른 부분 속으로 그 아름다움의 요소들을 들여다 놓고 싶어질 것이다. 그것은 여러분이 한층 더 높은 단계로 올라서도록 도와줄 수 있다. 그것은 여러분이 제공하는 재화나 용역의 탁월함과 높은 품질에 대한 여러분의 이해를 높여줄 수 있다. 그리고 그런 이해는 —단순히 재화나 용역을 전달하는 대신에— 여러분으로 하여금 오로지 최고-최상의 것만을 공급하도록 북돋워준다.

우리가 어떤 프로젝트를 기획하는 경우, 그것을 아름답게 만든다고 해서 그다지 더 어려워지거나 비용이 많이 늘어나지 않는다. 만약 우리가 공급하는 것이 아주 특별한 것이라면, 가격을 인상할 수도 있다. 아름다움은 또한 여러분의 명성도 한껏 높여주기도 할 것이다. 그것은 여러분이 빼어난 수준을 갖고 있으며 한결같이 가장 아름다운 결과물을 만들어낸다는 것을 온 세상에 알려주기 때문이다. 사람들은 여러분과 여러분의 프로젝트에 연관되고 싶어 할 것이다. 그래야만 그들도 여러분처럼 고상한 취미를 가지고 있다는 뜻이 되니까 말이다.

여러분의 삶에 아름다움이 있을 때, 모든 것이 더 좋아지고 더 가치 있는 것으로 된다. 여러분이 그토록 열심히 일하는 건 바로 그런 이유 때문이 아닌가?

TRUMP인생코치 ; 인 생 은 딱 한 번 , 살 아 있 을 때 실 행

목표를 시각화視覺化함으로써 여러분이 그 목표와 항상 맞닿아 있다면, 그 목표가 멋들어지게 달성될 가능성은 그만큼 높아진다.

- 여러분을 정말로 흥분하게 만드는 것이 무엇인지 밝혀내자. 여러분에겐 어떤 것이 아름답게 보이는가? 어떤 대상은 금방 손에 넣을 수 없을지도 모르며, 여러분이 그걸 사려면 몇 년씩 기다려야 할지도 모른다. 그러나 결코 포기하지는 말라. 이룩하려고 백방으로 애써야 할 목표를 여러분에게 제공하니까.

- 아름다움을 여러분의 인생 안으로 들여놓을 직접적인 방법을 나열해보라. 그저 밖으로 나가 그걸 살 수 있는가? 아니면 그걸 직접 만들거나, 누

: 도널드 J. 트럼프

아름다움은 보통 부담이 아니라 자산이다.
어프렌티스에 나왔던 어느 여자는 자신의 아름다움이 부담이라고 불평을 털어놓았
하지만 나는 그러한 그녀의 태도가 다름 아닌 부담이라고 느꼈다.

군가에게 만들어달라고 할 수 있는가? 여러분은 스스로 그것에 다가갈 수 있는가? 그 아름다움을 여러분에게 알려주거나, 여러분이 그것을 얻도록 도와줄 수 있는 다른 사람들이 필요한가?

■ 만약 다른 사람들의 도움이 필요하다면 그게 누구인지, 그리고 어떻게 해야 그들을 데려올 수 있는지 열거해보자. 그들에게 연락을 취하기 전에 무엇을 요청할 것인지 결정하라. 만일 좀 더 많은 지식, 훈련, 혹은 자격 등이 필요하다면 정확하게 그게 무엇인지 확인하라.

■ 단계적인 공략 계획을 만들고, 체계적으로 그 계획을 실행하자. 최초의 노력이 실패로 끝나는 경우를 위해서 비상 '백업' 계획을 만들라.

11

승리하는 협상

외교적 수완을 이용하라

사람들은 날 보고 "협상의 달인達人"이라고 부른다. 대개의 경우 내가 원하는 것은 얻어내기 때문이리라. 나는 이기기 위해서 협상하고, 또 이긴다. 그렇지만 내가 그렇게 하는 과정은 반드시 여러분이 기대하는 바와 같지 않을지도 모른다. 나는 협상에 임하기 전에 준비를 하는데 많은 시간을 쓰는데, 그것이 보통 나에게 우위를 선사한다.

협상이라는 말을 들으면 대부분의 사람들은, 협상 테이블을 사이에 두고 서로를 노려보면서 사소한 문제까지 하나하나 논쟁하는 준엄한 얼굴의 적수敵手를 상상하는 것이 보통이다. 나는 그런 식으로 협상하지 않는다. 내가 월스트리트 40번 건물을 구입하려고 어떻게 했는지를 이야기하면 좀 더 좋은 본보기가 될 것 같다.

나는 여러 해를 두고 월스트리트 40번 건물의 구입에 흥미를 느꼈었다. 주변 환경이 변하고, 입주자들이 퇴거하고, 부동산으로서의 가치가 폭락하는 가운데 나는 이 건물을 주시注視했었다. 그 건물의 소유주가 여러 번 바뀌고 마침내 히너베르크(Hinneberg) 가문에 의해서 인수되어 독일에서부터 원격 관리되는 것도 지켜보았다. 나는 이 가문에 대해서 가능한 한 많은 것을 알아냈다. 그들이 어떻게 사업을 영위하는가, 이 건물로 인해 어떤 문제점을 안고 있는가...

드디어 내가 움직일 때라고 결심했을 때, 나는 그들의 대리인이 이 건물에 관한 모든 업무를 대행하고 있다는 것도 알고 있었다. 따라서 모든 사람들이 이 대리인과 거래를 했지만, 나는 히너베르크 사람들을 직접 만나 얼굴을 맞대고 그들이 원하는 바를 듣고 나의 비전을 설명하고 싶었다. 여러분이 진실을 알고 싶다면, 대리인이니 중개인 따위는 건너뛰고 소유주를 찾아가야 할 일이다.

그래서 난 독일로 날아가 히너베르크 사람들을 만났다. 내가 그렇게 시간과 노력을 바쳐 자신들을 만나러 왔다는 점이 그들을 감동시켰다. 내가 지닌 결단의 깊이를 보여주었던 것이다. 내가 이 빌딩을 최고급의 사무용 건물로 탈바꿈시키겠노라고 약속했을 때, 그들은 호의적인 반응을 보였고, 나는 끝내 그 약속을 지켰다. 우리는 탁자를 둘러싸고 앉아 언쟁을 벌인 게 아니었다. 오히려 우리는 책상 위에 우리의 카드를 까발리고는 대화를 나누었다. 오래지 않아 우리는 합의에 이르렀다. 내가 했던 모든 준비는 짜장 보람이 있었고, 우리는 양측 모두가 이기는 '윈-윈'의 거래를 일구어낸 것이다.

설득

나는 믿는다. 거래를 성사시키는 열쇠는 힘이 아니라 설득이라는 것을. 설득이란 가장 훌륭한 형태의 외교다. 즉, 나의 생각을 사람들이 수용하도록 납득시키는 능력이다. 사람들에게 내 아이디어를 받아들이라고 강요할 수는 없지 않은가. 그거야 재앙으로 가는 지름길이니까. 그보다는 그들로 하여금 나의 결정이 바로 그들 자신의 결정이라고 생각해주기를 바라고, 또 그렇게 되면 그들은 더 많은 권력과 통제의 느낌을 갖게 된다. 여러분은 어떤 목표를 가져야 하는가? 상대방으로 하여금 자기들이 여러분의 피해자

→ 트럼프와
마크 버넷 프러덕션
(Mark Burnett Produc
마크 버넷
[사진 제공 - 마크 버닛

가 아니라, 여러분의 파트너라고 느끼도록 만드는 것이다. 아이디어를 제시
하더라도 상대방을 윽박지르게 된다든지, 항복을 강요당하고 있다는 느낌
이 상대방에게 들지 않도록 하라. 성공으로 끝나는 협상에서는 쌍방이 모두
결과에 만족해야 한다.

어느 유명한 가문의 한 사람과 거래를 하고 싶었던 적이 있었다. 그의 이
름은 알고 있었으나, 한 번도 만난 적은 없었다. 그렇지만 나는 이 사람에 대
해 이미 여러 가지 억측을 키우고 있었다. 우리가 미팅을 하기 전에 나는 계
획을 세웠으나, 막상 그를 만나게 되었을 땐 그의 불안하고 꾸밈이 없는 행

: 도널드 J. 트럼프

여러분의 기대 때문에 스스로를 구속하지 말라.
가끔씩은 최선의 협상 기술을 찾기 위해서 '기어를 바꾸기도 하고,' 계획을 변경하
심리학자 역할을 해본다든지, 아니면 카멜레온 같이 되어보라.

동거지가 나를 깜짝 놀라게 했다. 그는 내가 상상했던 것과 같은 '원기왕성파' 가 아니었기에, 나는 즉시로 계획을 바꿔야 했다. 나는 깨달았다. "아하, 만약 우리가 전투태세로 들어간다면 이 사람은 대치對峙하는 걸 피하기 위해 아마도 자리를 뜰 사람이로구나." 그를 협상에 끌어들이기 위해서는 그의 자긍심을 부추겨야 했다. 그래서 나는 그의 신뢰와 자신감을 높이는 방향으로 조심스럽게 풀어나갔다. 그런 나의 접근법은 주효奏效했고, 우리는 거래를 하게 되었다.

인 생 은 딱 한 번 , 살 아 있 을 때 실 행 하 자 !

협상이란 준비의 문제다. 그건 무슨 신비로운 과정이 아니라, 아주 신나는 것일 수 있다. 협상을 하나의 예술로 간주하고 꼼꼼하게 챙기라.

■ 어떤 협상을 눈앞에 두고 있든, 여러분의 목적을 뚜렷이 규정지음으로써, 그 협상에 대해 철저히 대비하라. 거래를 성사시키기 위해 여러분이 받아야 할 최소의 것과 지불할 의향이 있는 최고의 가격을 인지하라. 그 틀 속에서 거래를 만들 수 없는 경우엔, 그대로 협상의 자리를 박차고 나올 준비를 하라.

■ 상대방이 무엇을 원하는지를 똑바로 알자. 상대의 강점과 약점을 파악하라. 다시 말해서 상대편이 어떤 사람인지, 무슨 자원을 보유하고 있는지, 누가 그를 지원하고 있는지, 그가 얼마만큼을 원하는지, 왜 그것을 원하

는지, 결국 어느 선에서 받아줄 것인지, 그리고 얼마를 지불할 용의가 있고 그 대가로 얼마를 받으려고 주장할 것인지 등을 알아내야 한다.

■ 사실에만 의존하자. 추측하거나, 일반화하거나, 다른 사람들이 믿는 것에 귀를 기울이지 말자. 증거와, 서류와, 확고한 숫자를 얻으라. 사람이든, 회사든, 사업이든, 제안이든, 꼭 같은 거라곤 있을 수 없다. 따라서 어떤 가정도 하지 말고, 어떤 결론도 섣불리 내리지 말라. 확인하고, 체크하고, 검토하라. 무엇보다 여러분이 직접 그렇게 하라.

■ 협상을 할 때는 공정하고 합리적이어야 한다. 그래야 모든 사람들이 이길 수 있다. 모든 것을 다 요구함으로써 적을 만들지 말라. 언젠가는 돌아와 여러분을 괴롭힐 수 있으니까.

트럼프 씨, 물어볼 게 있어요
[트럼프 대학교 블로그를 방문한 사람들의 질문]

문(問)

집안에서 세운 가업을 이어가고 있는 사람입니다. 내 가족들은 회사의 현재 상태에 만족하고 있지만, 나는 한 단계 위로 끌어올리고 싶거든요? 어떡하면 좋죠?

DJT

당신이 제안하는 바를 펼쳐 보이는 확고한 청사진을 가족들에게 제시하세요. 그런 다음, 그것이 좋은 아이디어라는 것을 설득시키세요. 이건 약간의 협상 기술을 요하는 건지도 모르죠. 가장 훌륭한 협상이란 모든 당사자가 함께 득을 보는 경우를 말합니다. 당신의 계획으로부터 어떻게 가족 내 모든 구성원이 혜택을 입게 될 것인지를 그들에게 설명해주세요. 그리고 그건 철저하게 해야 합니다. 일반적인 이야기를 한다든지 모호한 그림을 그리면 안 됩니다. 그들에게 사실과 숫자를 제시하세요. 협상의 황금률黃金律을 늘 기억하세요: 황금을 지니고 있는 자가 규칙을 좌지우지한다.

12

즉석에서 거침없이 생각하라

성공으로 가는 지름길

내가 사업에 처음 뛰어들었을 때, 내가 심사숙고하고 있던 장사에 영향을 끼칠 수 있는 모든 디테일을 샅샅이 조사하느라고 나는 엄청나게 많은 시간을 소모했다. 지금 이 순간도 마찬가지다. 사람들은 날 보고 종종 이렇게 말한다: "어쩜 저렇게 즉석에서 거침없이 생각을 할 수 있을까?" 그들은 내가 이런 재능을 타고난 걸로 생각한다. 사실은 아니다. 내가 결정을 재빨리 내릴 수 있는 건, 항상 사전준비를 하기 때문이다.

나는 어떤 거래에 관련될 수 있는 모든 것을 검토함으로써 대비를 한다. 국외자局外者들은 그런 철저한 조사와, 꼼꼼한 준비와 분석, 그리고 다른 모든 사전 작업을 절대로 보지 않는다. 그들은 오로지 결과만을 보는데, 사실 그건 기껏해야 빙산의 일각에 지나지 않는다. 훈련이 잘 된 운동선수처럼 나는 철저하게 준비를 하고, 그 다음 적절한 때가 오면 대문에서 뛰쳐나갈 만반의 태세가 되어 있는 것이다. 아이로니컬한 표현이지만, 무의식적이고 자동적으로 반응하려면 준비와 연습이 필요하다.

어프렌티스는 거기 나오는 후보자들에게 뛰면서 신속하게 생각하는 방법을 가르친다. 그들은 빡빡한 시간의 제약 아래 놓여있기 때문에, 망설이지 않으면서 생각하고 행동하고 표현해야만 한다. 그렇지 않으면 게임에서

지게 되고, 내가 "당신, 해고야!" 라고 외칠 테니까 말이다. 그들의 아이디어가 항상 통하는 것은 아니기 때문에, 첫 번째 계획 A가 실패로 끝날 때 채용할 수 있는 예비계획 (backup plan) B가 필요한 것이다. A가 실패할 경우에 잔뜩 대비를 하고 있다가 재빨리 단호하게 계획 B를 가동시킨다면, 그리 많은 시간을 놓치지 않고 회복할 수 있다. 미리미리 앞서서 생각하고, 준비하고, (야구에서처럼) 모든 베이스를 지키도록 배우는 것은 성공을 위해 빼놓을 수 없이 중요하다.

즉석에서 거침없이 생각하면서도 나의 논지論旨를 또렷하게 전달할 수 있는 능력은, 최초의 인터뷰에서부터 최고위 이사회에 이르기까지 사업의 모든 단계에서 필수불가결이다. 비즈니스의 세계에서는 누구나 신속하고 정확한 응답과 정보를 필요로 한다. 그런 대답을 제공하지 못한다면 여러분은 사람들의 기억에서 잊혀질 것이다. 여러분이 얼마나 효과적으로 의사소통을 하는가는, 여러분이 성공할 것인가와 얼마나 높은 데까지 비상할 수 있는가를 결정하는 주된 요소가 될 것이다. 이처럼 중대한 예술을 정복함으로써 여러분의 미래에 투자를 해야 할 것이다.

대비對備하라

태어날 때부터 즉흥적인 연설을 척척 하는 재능을 가진 사람은 거의 없다. 하지만 대개는 이걸 배울 수 있다. 여기에는 보통 훈련과 경험과 기강紀綱이 필요하다. 만약 여러분이 즉석에서 거침없이 말하는 걸 배우고 싶다면, 말하려는 주제를 샅샅이 숙지해서 절대로 주저하거나 허풍을 떨 필요가 없도록 하라. 그러면 그 어떤 질문도 여러분을 놀라게 하거나 쩔쩔 매게 할 일이 없을 테니까 말이다. 여러분은 모든 대답을 다 알고 있을 터이고, 오히려 질문을 받을 때마다 여러분이 얼마나 훌륭하며 얼마나 많이 알지도자란 다른 사람들에 의해 패배를 당할 권리는 있지만, 그들에 의해 예기치 않았던 일을 당할 권리는 결코 없다.

나폴레옹

•

고 있는지를 과시할 기회를 얻게 될 터이다.

여러분이 다루는 주제를 '마스터' 하라. 그것을 완벽하게 알라. 그걸 연구하고, 그것에 대해 읽고, 다른 사람들과 그것에 대해 토론하라. 그것을 연구하는 데 매일 온몸을 던져라. 언제나 훈련을 하고 극한에 이르기까지 스스로를 밀어붙이는 위대한 운동선수들의 본보기를 따르라. 숙달된 선수들은 엄청나게 기강이 잡혀있다. 비즈니스맨 역시 그렇게 되어야 한다.

스스로에게 뭐든지 마음대로 질문을 던져보고 거기에 대답을 해봄으로써 반응할 수 있는 능력을 테스트해보라. 준비의 가치는 아무리 평가를 받아도 지나치지 않는다. '최고' 가 되고 싶은가? 그렇다면 즉석에서 거침없이 생각하는 데 탁월해야만 한다.

TRUMP인생코치 ; 인생은 딱 한 번, 살아있을 때 실행

헨리 포드(Henry Ford)는 이렇게 말했다: *"난 할 수 있어,"라고 생각하든, "난 할 수 없어," 라고 생각하든, 다 맞는 말이다.* 할 수 있다고 생각하는 것이 가장 좋고, 그렇게 될 수 있도록 무언가를 실행하는 것이 가장 좋다.

■ 여러분이 다루는 주제를 마스터하라. 여러분이 몸담고 있는 비즈니스 영역에서 전문가가 되라. 그 분야의 모든 측면에 대해서 배우고 생각함으로써, 어떤 질문을 받더라도 즉석에서 대답을 쏟아낼 수 있어야 한다.

■ 연기라든지 대중연설을 배워보든지, 아니면 미디어 훈련을 받아보라. 트레이닝을 받는 것으로써 스스로에게 투자를 하라. 그러면 여러분의 커리어나 인생의 모든 방면에서 도움을 줄 것이다.

■ 연습하고, 연습하고, 또 연습하라.

오전 08:30   *예전 어프렌티스에 나왔던 어느 지원자를 위해서 소회의실에서 짤막한 자선 비디오를 찍음.*

오전 09:00   조지 로스(George Ross)가 사무실로 찾아와 어프렌티스 관련 몇 가지 이슈와 다른 사안들을 논의함. 조지는 TV 쇼에 나올 때도 그렇게 보이지만 실제로도 바위처럼 확실해서 믿을 만하다.

오전 09:30   소프라노(*Sopranos*)의 새 시즌 시사회가 '모마'[Museum of Modern Art –뉴욕의 근대미술박물관을 흔히 두문자만 따서 '모마'라고 부른다 – 역자 주]에서 있을 것이며, 오늘 아침에는 내가 *더 뷰 (The View)*에 출연하기로 되어있다는 걸 로나가 상기시켜주다. 그들의 스튜디오는 웨스트 사이드에 있기 때문에, 나는 돌아오는 길에 그쪽에 있는 트럼프 국제호텔 현지 시찰을 해야겠다. 그 호텔은 뉴욕 시내 최고의 호텔로 선정된 바 있지만, 그래도 난 그런 명예를 얻었다고 해서 만족할 사람이 아니지. 호텔을 책임지고 있는 톰 다우닝(Tom Downing)에게 전화를 걸기로 함. 그는 지금까지 아주 잘 해주고 있다.

오전 10:00   *더 뷰*에 초대 손님으로 출연함. 이젠 TV 출연이 일상 업무가 되어버렸다. 하지만 난 생방송의 시청자들과 함께 하는 걸 좋아하는 편이고, 그들과 함께 하면 아주 즐겁다.

오전 11:00 샌프란시스코에서 하게 되어 있는 연설에 관해서 샌프란시스코 *비즈니스
저널*이 전화를 걸어옴.

미셸 로우키 및 버니 다이어먼드와 더불어 트럼프 타워에 입주해 있는 애
스피리 (Asprey) 상점을 걸어서 돌아보다. 너무도 아름다운 공간이고 멋
진 위치가 아닌가.

오전 11:30 잠깐 위층 나의 아파트로 올라가 멜라니어가 어떤지 보고 옴. 잘 지내고
있다. 엘리베이터를 타고 출퇴근을 할 수 있다는 것, 이거야말로 내가 누
리고 있는 몇 가지 사치품 중의 하나가 아닐쏜가?

오전 12:00 매-러-라고로 전화를 걸어 번트 렘키와 매-러-라고에서 4월에 개최될
소방수들을 위한 무도회에 관해 이야기를 나누다. 여기서 나는 명예소방
서장이란 상을 받게 되어있다. 스코틀랜드의 신문사에서 전화가 오다. 그
들은 다가오는 나의 스코틀랜드 여행과 그곳에 골프장을 건설하려는 나의
계획에 대해 알고 싶어 했다.

미국 서비스학회 회원으로 있는 조 셍크(Joe Cinque)가 사무실에 잠깐 들
렀다. 조는 세계 방방곡곡을
다니는데 언제나 그가 최근에
방문한 곳에 대해 통찰력을
과시한다. 그런 그가 아직도
매-러-라고가 세계에서 최고
라고 말한다!

ㄴ 매-러-라고

오후 12:30 트럼프 타워 아래층에 있는 트럼프 그릴에서 맛이 기가 막힌 미트로우프를 시켜먹음. [meatloaf ; 잘게 다진 고기와 다른 재료들을 섞어서 빵 덩어리 모양으로 틀에 넣어 오븐에 구운 요리 – 역자주] 우리 어머니 요리법대로 만든 것이니, 당연히 둘이 먹다가 하나가 죽어도 모를 맛이다.

여동생 매리앤(Maryanne)에게 전화를 걸어 뭐 뉴스거리가 없는지 물어봄. 이 녀석은 법관인데, 우리 모두가 무척 자랑스럽게 생각하는 동생이다.

또 하나의 나쁜 소식. 전번에 이미 깡그리 대체한 바 있었던 트럼프 타워의 에스컬레이터가 다시 고장이 났단다. 몇 달이나 걸려서 모두 바꾸고 완벽하게 작동하도록 그토록 만전을 기했는데, 미칠 노릇이다. 그 때 이후로 이놈의 에스컬레이터는 문제투성이니, 원... 이 엉망을 이번엔 반드시 손보고야 말겠다고 결심함. 요즈음 트럼프 타워를 드나드는 사람이 얼마나 많은데, 단 하나라도 부드럽고 효율적으로 움직이지 않는 것을 용납할 수야 없잖은가!

오후 01:00 돈 주니어, 이방카, 그리고 개발 팀이 들어와 최근 소식을 보고함. 너무나도 많은 일들이 진행 중이란 건 인정해야겠지만, 그래도 신나는 일이고 모두가 열정적이며 하나같이 열심히 일하고 있다. 그건 정말 기분이 좋다. 내가 아이들과 임직원들에게 일상의 모든 일에 대해서 근면한 것이 얼마나 소중한지를 보여주었기 바란다. 하루하루의 일이 장기적으로는 결국 위대한 성취를 가져온다. 하지만 아무리 성공을 했다고 하더라도 절대로 마음을 놓아서는 안 될 일이다.

영업부문 부사장인 톰 피언코스(Tom Pienkos), 그리고 개발팀 전무인 비니 스텔리오(Vinnie Stellio)가 전화를 해 몇 가지 프로젝트의 개관을 설명함. 비니는 종종 로스앤젤레스와 뉴욕에 있는 나의 부동산들을 둘러보고 있는데, 기분 좋은 몇 가지 소식을 전했다.

오후 02:00 포브즈(Forbes) 잡지를 위한 촬영 세션이 있음. 훌륭한 잡지다.

오후 02:15 예전에도 여러 번 말했지만, 문제가 없다는 것은 할 일이 없다는 말이다. 그렇다면 나는 할 일이 있긴 있는 모양이다 – 복사기에 또 문제가 생겼으니 말이다. 이 또한 사람 환장할 노릇이다. 인간이 달 위를 걸어 다니는 판국에 단 며칠 동안이라도 고장 없이 작동되는 복사기 하나 없다니. 나로선 도저히 알 수 없는 노릇이다.

오후 02:30 크레인의 뉴욕 비즈니스 (Crain's New York Business)라는 잡지와 전화 인터뷰를 함. 곧이어 샌호제이 머큐리 뉴스(San Jose Mercury News)에서 전화를 걸어 나의 샌프란시스코 방문에 대해 물었다. 거기서 연설하는 것은 기대가 되는데, 6만 1천명이나 모인다니 과연 내가 그런 청중을 상대할 준비가 되기나 한 걸까? 아버지가 방에 서른 명을 모아놓고 연설하던 게 기억나는데, 그것만 해도 굉장한 일인 것 같았거든. 변해도 단단히 변했던 모양이다. 요즘 내가 상대하는 청중들의 규모를 아버지가 보신다면 어떻게 생각하실까, 궁금하다.

오후 03:00 로나와 미팅을 함. 서문을 써달라거나 표지에 들어갈 선전 문구를 써달라는 요청과 함께 나한테 보내온 몇 가지 책을 검토하기 시작. 나한테 뭔가 읽을거리가 부족한 법은 결코 없다. 그건 확실하다.

미팅이 끝난 다음엔 우편물을 체크하고 전화를 몇 통 받음.
나는 '다중임무多重任務 (multitask)'라는 단어를 배우기도
전부터 항상 다중임무를 수행해 왔다.

오후 04:00   4월 초 크레디 스위스(Credit Suisse)가 주최하는 부동산회의
겸 오찬회午餐會에서 연설을 하게 되어 있어서, 은행 측 사람
들과 이에 대한 이야기를 나누었음.

최근에 내가 시작한 새로운 금융서비스 회사 트럼프 모기지
(Trump Mortgage)의 뉴욕 포스트 (New York Post) 광고를
위해 사진 촬영을 함. 트럼프 모기지는 효과만점의 회사가 될
것으로 나는 기대하며, 그것은 무리가 아니다. 현재 내가 하
고 있는 많은 일들은 과거에 생각은 했으나 적절한 때를 기다
리느라 연기해왔던 일이다.

이방카가 들어와 자기가 4월 초에 투나잇 쇼(Tonight Show)
에 출연할 것이라고 말함. 이제 그녀는 언론에 상당히 익숙한
데, 그것이 그녀의 업무에 어마어마한 도움을 주고 있다. 그
녀는 타고나길 침착한 성격인데다 의사 표시가 분명한데, 그
것은 커다란 이점이 아닐 수 없다.

오후 05:00   로나와 함께 몇몇 인터뷰 요청을 검토해 봄. 사람들이 나를
원한다는 것은 기분 좋은 일이지만, 가끔씩은 너무 부담스럽
게 보일 때도 있다. 사무실에다 새로 아이스크림 제조기를 사
다 놓아야 할는지를 논의했는데, 아무래도 하나 갖다 놓게 될
것 같다. 현재 쓰고 있는 건 최근 들어 아이스크림이 아니라
빙산을 만들어내고 있으니까.

복도 저 아래쪽으로 걸어가 앨런 웨이슬버그와 회계 팀을 만나봐야겠다. 누구 할 것 없이 분주한 것 같고, 사무실 공간 일부는 발 디딜 틈도 별로 없다. 마크 버넷의 팀도 아래층을 비워주고 없으니, 이제 우린 한 층을 더 써도 되겠지. 사무실의 어떤 부분은 마치 기숙사처럼 보이기 시작하고 있는 터라, 확장할 때가 된 것이다.

오후 06:00 사무실로 돌아와 잔뜩 쌓인 서류와 기사들을 검토하고, 회람시킬 메모를 몇 개 만든다. 그런데 아직도 들여다보지 않은 잡지들이 산더미처럼 쌓여 있는 게 아닌가. 그래서 그 중 한 무더기를 집어 들고 위층으로 올라가기로 함.

13

좋아하는 사람들과 일하라

반목하면서 일하는 것과는 비교도 안 돼

새로 채용한 직원들이 훌륭한 성과를 보일 때면, 나는 그것을 하나님이 도와주신 것으로 간주하기도 한다. 인터뷰를 멋지게 해낸 사람들이라고 해서 실제 업무에서도 언제나 수행 능력이 뛰어난 것은 아니니까. 어느 쪽이든 그들이 곁에 있어주는 것을 맘에 들어 하면 도움이 된다. 참 운 좋게도 나는 내가 좋아하는 사람들과 더불어 일해 왔다. 우리 직원들 중에는 나와 20년, 25년, 30년 동안 함께 일한 사람들도 적지 않다. 우리가 서로 좋아하지 않았다면, 그 오랜 세월은 비참한 감옥생활이었을 터이다. 하지만, 실제로 우리는 기꺼이 함께 일하고, 서로를 존중하며, 더 많은 것을 수행한다. 직원이나 파트너를 선택할 때 신중을 기한다면, 매니지먼트는 그만큼 더 수월해진다.

재미있게 일하려면 다양성을 늘리라

조직이란 대개 쉬지 않고 진화한다. 트럼프 재단도 그렇게 진화해왔음을 나는 알고 있다. 여러 타입의 사람들이 여기를 거쳐 갔다. 기본적으로 모두 똑같은 일단一團의 복사체復寫體들을 데려다 놓는 게 아니라, 여러 성격의 인격체들을 골고루 데리고 있다는 것

누구든지 나랑 일을 하려면 빨리 움직여야 한다. 그것이 내가 일하는 방식이고, 우리 직원들도 그걸 따라야 한다. 법률고문 겸 전무인 제이슨 그린블랫(Jason Greenblatt)의 경우, 그는 아무리 복잡한 일이라 하더라도 딱 열 마디 이내로 설명을 해낸다. 내가 날이면 날마다 얼마나 많은 일과를 소화하는지 생각해볼 때, 그의 간단명료함은 고맙기 짝이 없다. 재무에 있어서 나를 돕는 앨런 웨이슬버그 또한 제이슨 못지않게 간결하며, 법률고문인 버니 다이어먼드라든지, 23년 동안 나와 보조를 맞추어 왔던 영업부의 우두머리 매튜 칼라마리(Matthew Calamari) 역시 마찬가지다. 내가 그들과 사업에 관련되지 않은 일들로 대화를 나누는 것을 싫어한다는 얘기는 아니다. 단지 우리에겐 다들 할 일이 있고, 지금쯤은 우리 모두 –개별적으로든, 팀을 이루어서든– 어떻게 그 일들을 수행하는지 알고 있다는 얘기다.

ㄴ 트럼프 부동산의 COO 겸 전무인 매튜 칼라마리와 함께
[사진 제공 – 트럼프 재단]

은 전반적으로 좋은 일이라고 생각한다. 그런 다양성은 비즈니스에 새롭고, 자극적이며, 독창적인 아이디어를 가져다줄 수 있기 때문이다.

뉴욕 시에서 살다보면, 그 외엔 별다른 수가 없다. 이곳에선 다양성이 필연적으로 따라오니까 말이다. 여러분과는 완전히 다른 사람들, 여러분이 도저히 이해할 수 없는 사람들과 더불어 일하게 되기 마련이다. 그들은 여러분과 다른 가치관, 속성, 목표 등을 가지고 있을지 모르지만, 그래도 여러분은 그들과 함께 지내야 한다. 그들에게 기회를 부여하기만 하면 보통 그들로부터 많은 것을 배울 수 있다는 점, 그것이 가장 좋은 부분이며, 바로 그런 차이가 여러분의 삶을 다채롭게 만들 수 있는 것이다.

다른 사람들과 일할 때는 금방 눈에 띄는 것을 넘어서서 저들이 어떻게 스스로를 드러내는지 관찰하라. 인간이란 일차원적一次元的이 아니다. 모든 개인은 −업무 성격에 적혀있지도 않고 이력서에 열거되지도 않았을지 모르지만− 저마다 독특한 재능을 가지고 있다.

우리는 대개 업무에 상당히 많은 시간을 쏟아 붓는다. 눈을 뜨고 있는 시간 중에서 가족과 함께 하는 것보다도 훨씬 더 많은 시간을 직장에서 보내는 것이다. 그러니까 유쾌하고 마음이 맞으며 효율적인 분위기를 만드는 것이 얼마나 중요하겠는가.

나랑 함께 일하는 사람들은 내가 터프할지는 몰라도 상당히 공평하다는 걸 안다. 기본적인 톤은 내가 결정하지만, 내 문은 언제나 열려 있어서, 그

: 도널드 J. 트럼프

모범을 보이라, 그러면 여러분은 좋은 사람들을 잡아끄는 자석이 될 것이다. 그것이야말로 여러분이 좋아하는 사람들과 일하는 최선의 길이다.

들에게 할 말이 있다면 내가 언제나 귀를 기울이리라고 확신할 수 있는 것
이다.

인 생 은 딱 한 번, 살 아 있 을 때 실 행 하 자!

훌륭한 리더는 그들이 결집시키는 팀을 결정한다. 최고의 구성원을 뽑
게 되면, 신나는 시절이 줄줄이 따라오지 않을 수 없으리라.

■ 여러분의 비즈니스를 하나의 팀으로 생각하고, 직원 개개인은 각자 특정
의 역할을 가진 팀 멤버라고 간주하자. 그런 다음 그런 역할들을 하나하
나 결정하라.

■ 여러분의 주위에 핵심그룹을 형성하자. 훌륭한 팀을 창조하라는 얘기다.
맡은 역할을 두드러지게 수행할 사람들로 이 그룹을 채우자. 회사의 요구
사항을 이해하고 또 여러분의 마음에 드는 사람들로 말이다.

■ 새로이 고용하는 직원들은 모두 어느 정도는 도박이나 다름없다는 사실
을 깨닫자. 이루 말할 나위 없는 최고의 자격이 있다고 해서 속이 꽉 찬
황금 같은 직원이 되리라는 보장은 없다. 그렇지만 가끔씩 그런 일이 생
기기도 한다.

주의하라

친구나 친척들과 함께 일하는 것은 악몽이 될 수도 있다. 일과 가족, 일과 우정 사이의 미묘한 경계선은 어느 틈에 사라지고, 불쾌한 감정들이 불타오를 수 있다. 친구나 친척을 해고해야 한다고 상상해보라 – 정말이지 꼴사나운 형편이 되거나 아예 불가능하게 될 수도 있다.

내 아이들도 둘씩이나 우리 조직에서 일하고 있으므로, 그건 내가 아슬아슬한 모험처럼 사는 것을 좋아한다는 의미도 되지만, 그래도 아이들은 준비가 아주 잘 되어있다. 직장에서 일하는 사람들과 친해지는 거야 보통 바람직한 일이지만, 그런 좋은 관계는 직장 내로 국한시키는 게 좋을 것이다.

트럼프 씨, 물어볼 게 있어요
[트럼프 대학교 블로그를 방문한 사람들의 질문]

문問

좋아하지 않는 사람들은 어떻게 관리해야 하는 거죠?

DJT

우선은 그들에게서 당신이 좋아할 수 있는 무엇인가를 찾아보세요. 누구나 숨어있는 잠재력을 가지고 있거든요. 훌륭한 매니저라면 그걸 찾아낼 겁니다. 또 좋은 매니저라면 주위에서 함께 일하는 사람들로부터 마음에 드는 자질도 찾으려고 할 겁니다. 둘 사이의 공통점은 튼튼한 인간관계를 형성하는 데 유요하게 쓰이죠.

누구도 완벽한 사람은 없어요. 우린 모두 강점과 약점을 지니고 있습니다. 다른 사람들을 향한 당신의 태도는, 주위에 제대로 된 사람들을 데려다 놓을 수 있는가를 결정하는 데 커다란 몫을 합니다. 주위의 사람들을 싫어한다면, 먼저 당신 자신을 한 번 들여다보는 게 출발점이 될 수도 있을 겁니다.

14

뜻이 있는 곳에 승리가 있노라

긍정적으로 생각하라

지금까지 너무나 많은 사람들이 긍정적 사고에 대해 언급했던 터라, 새삼스레 그것을 언급할 필요도 없을 것 같다. 그렇지만 부정적인 생각이 사람들을 해치며 그들을 망설이게 하는 모습을 나는 끊임없이 보게 된다. 놀라운 일이 아닌가! 이런 사람들은 긍정적 사고라는 메시지를 듣지 못했거나, 아니면 그저 주의를 기울이지 않고 있는 거라고 결론지을 수밖에 없다.

그렇지만 내가 이 책을 쓰기 시작할 때, 긍정적인 생각만으로는 언제나 충분한 것은 아니란 걸 깨달았다. 긍정적인 것 외에도 여러분은 끈기가 있어야 하는 것이다. 긍정적이라는 것과 끈기가 있다는 것은 떼려야 뗄 수 없는 관계에 있다. 마치 성공과 나의 관계처럼. 처음에 긍정적으로 시작했다가 첫 번째 문제가 생길 징조만 보여도 두 손을 번쩍 들어버릴 수는 없는 노릇이므로, 끈기는 너무나도 중요하다. 성공이란 하룻밤 새 일어나는 일이 아니니까, 여러분은 진득하게 긍정적인 마음을 유지해야 한다. '자고 일어나보니 부자가 되었더라' 식의 이야기는 보통 동화에 지나지 않는다. 도대체 사실일 리가 없는 것이다. 누군가 성공했다는 얘기를 오늘 들었다고 해서 그가 지난 수십 년 동안 피땀 흘려 노력하지 않았다는 뜻은 아니다.

어프렌티스만 해도 그렇다. 이 쇼가 방송되자마자 어마어마한 히트를 쳤지만, 그때 나는 이미 30년이 넘는 경험을 갖고 있어서 거기서 저 유명한 이사회 장면을 위한 교훈을 얻었던 것이다. 그건 단순한 행운도 아니었고, 무언가 새로운 것을 배우거나 조작해 내야 할 일이 아니었다. 난 내가 무엇을 하고 있는지를 똑바로 알고 있었다. TV에 나가는 거야 물론 새로운 일이었지만, 나머지는 전혀 새로운 게 아니었다. 이미 30년도 넘게 최고위 경영진의 결정을 내려오고 있었으니까 말이다.

필름에 옮겨 담든 아니든, 비즈니스는 비즈니스다. 내 자신의 사업상 신용과 경험이야말로 덩치 큰 어느 뉴욕 기업의 이야기를 근간으로 하는 TV 쇼의 배경 이야기였다.

어프렌티스를 만들자는 결정을 내렸을 때, 아주 중요했던 것이 바로 긍정적인 사고였다. 제작진이 나에게 접촉해 왔을 때, 나는 이 쇼를 하는 게 위험할 수도 있다는 걸 알았지만, 동시에 그것이 성공하리라는 데 대해서는 긍정적이었다. "전혀 새롭게 시작되는 TV 쇼는 대개 실패하지요,"라든지, "리얼리티 쇼는 한물가고 있다구요," 혹은 "당신은 신용만 잃고 말 걸요," 같은 논쟁에 내가 귀를 기울이기로 작심했더라면, 그 쇼를 절대로 하지 않았을 것이다.

대신에 나는 긍정적인 질문을 스스로에게 던졌다.

─ 만약 이 쇼가 성공한다면 어떻게 될까?
─ 만일 내가 이 일을 즐긴다면 어떨까?

: 도널드 J. 트럼프

긍정적으로 끈기를 가짐으로써 긍정의 힘이 압도하도록 만들라.

- 이 쇼가 알고 보니 뭔가를 나에게 깨우쳐준다면?
- 이 쇼 덕택에 트럼프 재단이 응당 누려야 할 명성을 누리게 된다면 어떨까?
- 이 쇼에 나오는 지원자들 중에서 그럴 자격이 있는 사람들에게 이 프로그램이 정말로 소중한 도약의 발판이 되어준다면?
- 시청자들에게 이 쇼가 도움이 된다면?

결국 내가 만든 긍정의 기다란 리스트는 부정否定을 깡그리 압도하고 말았다.

그래도 현실적이어야 한다

나는 스스로를 '조심스럽게 긍정적'이라고 정의定意한다. "당신이 원하는 거라면 뭐든지 할 수 있어!"라고 말하는 사람은 비현실적이다. 도대체 불가능한 일도 있는 법이다. 예를 들어서 내가 만약 지금 당장 올림픽 금메달이라도 딸 수영 선수가 될 수 있다고 생각한다면, 나는 아마도 수영 코치가 아니라 정신과 의사선생님이 필요할 거다. 제아무리 많은 레슨을 받고, 제아무리 훈련을 받는다고 용을 쓰거나, 제아무리 많은 스테로이드를 사용한다 해도, 그런 일은 절대로 일어나지 않을 테니까.

우리는 누구나 우리의 진척을 가로막는 장애물, 방해물과 맞닥뜨리게 마련이다. 그러나 그런 장애를 만날 때 우리가 여전히 긍정적인 태도를 유지할 것인가는 우리 자신의 선택이다. 그런 장애물을 보면 그냥 달아날 수도 있고, 타고 넘어갈 수도 있고, 아래로 지나갈 수도 있으며, 에둘러 갈 수도 있다. 우리는 또한 장애물을 돌파하거나 파괴해서 없앨 수도 있다.

반드시 아래와 같이 하라.

■ 하루도 빠짐없이 긍정적으로 살자. 여러분이 그렇게 하지 못하면, 어느
누구도 여러분이 성공할 수 있다고 생각하지 않을 것이다.

■ 스스로를 믿고, 확신의 기운을 발산하며, 경쟁자의 길을 가로막으라. 그
들의 그림 속에 여러분 자신을 투영하여 그들의 현상現狀을 어지럽히라.

■ 긍정적 사고가 만들어내는 힘과 모멘텀을 가지고 전진함으로써 '안일安
逸지대'(comfort zone)로부터 뛰쳐나와야 한다.

■ 부정적인 생각은 것은 확 뿌리 뽑고 긍정적인 생각으로 대체하라. 여러
분이 얼마만큼의 에너지를 소비하든, 그것은 모두 성공의 필수 요소인 긍
정적 스태미나를 구축할 것이다.

트럼프 씨, 물어볼 게 있어요
[트럼프 대학교 블로그를 방문한 사람들의 질문]

문問

생판 모르는 사람들에게 전화를 할 때의 두려움을 극복하고, 다른 누
구인가의 행세를 그만두고 나 자신이 되려면 어떻게 해야 하죠?

뉴욕 주 브라이어클리프 매너에 있는 트럼프 내셔널 골프 클럽을 위해서 나는 무언가 깜짝 놀랄만한 일을 하고 싶었다. 그래서 나는 매분 5천 갤런의 물을 쏟아 붓고, 완공하는 데 700만 달러가 소요되는 110 피트짜리 폭포를 만들기로 했다. 헌데 이를 위한 엔지니어링과 조경造景 측면의 챌린지는 입을 닫지 못할 정도로 놀라웠다. 우리는 산더미 같은 흙과 화강암을 −도대체 몇 톤이나 되었을까− 실어내야 했고, 수도 없이 많은 차질을 맛본 다음에야 비로소 폭포에 물이 흐르기 시작했다.

만일 여러분이 이 폭포 만들기가 쉬운 일이라고 생각한다면, 혹은 그게 하룻밤 새 일어났다고 생각한다면, 글쎄 다시 한 번 생각해야 할 거다. 건설 기간 중 나는 종종 내 스스로 화강암 덩어리를 움직이고 있다는 느낌이 들었다. 그것은 잔인하리만치 힘든 일이었지만, 나는 긍정적 생각을 버리지 않았다. 내가 마음속에 그렸던 수준에 미치지 못하면 그어떤 것이라도 수긍하기를 거부했으며, 나의 긍정적인 인내심은 빛을 발했다.

→ 뉴욕 주 브라이어클리프 매너에 있는
  트럼프 내셔널 골프 클럽의 폭포
  [사진 제공 − 트럼프 재단]

DJT

당신이 팔고자 하는 것을 믿는다면, 그리고 그 제품에 대한 자기 지식에 확신을 갖는다면, 정말 도움이 됩니다. 탁월한 세일즈맨이 되고 싶다면 당신은 제품에 대해서 긍정적이어야 하고, 그 제품을 신뢰한다는 걸 완벽하게 납득시켜야 합니다. 자신의 목소리를 잃지 말고, 완벽하게 준비하며, 긍정적인 사람이 되세요.

15

물결을 거슬러 헤엄치자

무사태평하다가는 가라앉는다

월스트리트에서 일하는 아주 친한 친구가 있었는데, 뭔가 일이 잘 되지 않고 있었다. 매번 이 친구를 볼 때마다 점점 더 건강도 안 좋고 불행해 보여서, 나는 영 맘이 좋지를 않았다. 내가 상당히 좋아하는 친구였기 때문에 나는 마침내 그가 완전히 패배자처럼 보이기 시작한다는 걸 말해주어야겠다고 마음먹었다. 그렇게 대놓고 심하게 말하기는 싫었지만, 난 정말 그 친구를 위해서 도와주고 싶었던 것이다. "자네, 월스트리트에서 일하는 게 분명히 적성에 맞지 않는 것 같은데, 뭣 때문에 여기 있는 건가?" 내가 물었다. 그러자 그는 "우리 가문이 대대로 여기서 일하지 않았나? 사실은 죽을 지경이네만, 가문의 전통을 이어야겠다는 의무감에서 그러는 거라네."라고 해명했다.

내가 그에게 정말로 하고 싶은 일이 무엇이냐고 묻자, 그는 자기가 다니는 골프 클럽의 잔디를 돌보는 것이라고 했다. 그는 골프 코스를 잘 알았고, 코스에 대해서 센스가 있었으며, 잔디를 아주 잘 보살폈다. 또 그는 야외에서 운동하는 것이나 사람들과 섞이는 것을 아주 좋아했다. 그래서 나는 이렇게 충고했다. "월스트리트에서 계속 마음 썩이지 말고, 골프업계 쪽을 들여다보게나. 모르긴 해도 아마 자네가 불행하기 때문에 자네 가족까지 부담이 클 걸세."

익숙한 것을 떨치고 나오는 것은 어려운 일이었지만, 그는 내 말을 실행에 옮겼다. 그는 자신을 반가워해주지 않는 분위기 속에서, 가족과 친구들의 전통이나 기대라는 이름의 너무도 힘겨운 물살을 거슬러 상류 쪽으로 헤엄쳐 올라가야 했다. 그는 골프업계에 발을 들여놓았고, 결국 거기서 너무나 큰 성공을 일궈냈다. 요즈음 그를 만나면 이 친구의 얼굴은 항상 밝게 빛나고 건강하게 보인다. 그는 인생의 새로운 장章을 열어젖힌 것이며 완전히 다른 사람으로 변해있었다. 전통을 거슬러 도전할 배짱, 자신의 삶을 통제할 배짱, 그리고 변화를 마다하지 않을 배짱이 있었기 때문이다.

무사태평

| 인습이 가리키는 방향을 따라가고 괜스레 파도를 만들지 않는 것은 쉬운 일이지만, 가장 쉬운 길이란 바로 평범한 길일 따름이다. 그건 멀거니 서서 헤엄동작을 하는 것보다 별로 나을 게 없는 일이다. 느긋하고 무사태평 도전을 회피하는 것에 만족한다면야 그것도 좋겠지만, 내 인생으로부터 내가 원하는 것은 그게 아니다. 여러분들이 원하는 것도 그런 게 아닐 것이다, 그렇잖은가? 여러분이 특히 지금 이 책을 읽고 있다면 말이다.

안일함이란 '나는 안전해,' 라는 잘못된 느낌 속으로 여러분을 유인하며, 허구한 날 꼭 같은 장소에 여러분을 묶어두는 사기꾼일지 모른다. 그것은

: 도널드 J. 트럼프

어쩌면 당신의 전기電氣는
다른 소킷을 통하게 되면 훨씬 더 잘 흐를지도 모른다.

여러분을 태평스럽고 게을러빠진 사람으로 만들며, 앞으로 나아가지 못하게 훼방을 놓는다. 물론 무사태평을 위한 장소도 있을 것이다. 우리 모두 가끔씩은 무사태평을 원하지 않겠는가. 그렇지만, 여러분이 일을 하는 데서는 안일함은 여러분의 옷자락을 잡을 뿐이다.

여러분이 편안하다고 느끼기 시작한다면, 그건 여러분이 하나의 함정 속으로 빠져들고 있을지 모른다고 깨우쳐주는 경고음으로 받아들여져야 한다. 스스로에게 물어보라. "내가 앞으로 나아가는 걸 중단한 건 아닌가? 내가 한 군데 들러붙어있는 건 아닌가?"

어떤 직원이 아직 미완성인 프로젝트를 일컬어 "이 정도면 충분하잖아요?"라고 말했을 때, 나는 당장 그를 해고시켰다. 이 정도면 충분하다고? 아니, 나한테는 전혀 충분치 않았다. 그리고 그 친구에게 그것이 충분했다면, 그는 나랑 일해서는 안 될 사람이었다. 나는 '대충 이 정도' 이상을 원하는 사람들과 일하고 싶다. 나는 탁월함을 원하는 직원들, 세계 최고를 위해서라면 기꺼이 추가로 한 걸음 더 나아갈 직원들을 원한다. 그들에게 일일이 지시하는 건 원치 않는다. 나는 그들이 스스로 알아서 하기를 원한다.

인 생 은 딱 한 번 , 살 아 있 을 때 실 행 하 자!

위험을 무릅쓰는 걸 두려워하지 말자. 사랑하는 일을 하고, 스스로의 길을 헤쳐 나가라. 그러기 위해서는 무엇을 해야 할까?

■ 스스로에게 물어보자: 다른 사람이 아닌 "내"가 원하는 일을 하고 있는

가? 나한테 올바른 일을 하고 있는가?

■ 다른 사람이 아닌 여러분 자신의 감정, 야망, 요구, 목표에다 스스로를 견주어 보라.

■ 타인들의 기대치는 무시하라. 여러분의 친구, 가족, 스승, 동료, 그리고 여러분에게 가장 좋은 길이 무엇인지를 안다고 생각하는 다른 사람들 — 이런 사람들에게 당당히 맞서라. 여러분 자신의 에너지에 접속하라.

주의하라

│ 용맹과 아둔함 사이에는 아주 섬세한 경계선이 존재한다. 물살이 어떤지 체크하고, 사태를 짚어보며, 뛰어들기 전에 어디로 뛰어드는 것인지부터 알자.

트럼프 씨, 물어볼 게 있어요
[트럼프 대학교 블로그를 방문한 사람들의 질문]

문問

스트레스에 대처하기 위한 충고를 주신다면 어떤 말씀을?

DJT

스트레스는 종종 해결에 집중하는 게 아니라, 온통 문제점에만 맘을 쏟는 것을 가리키지요. 당신의 에너지를 깡그리 문제에 써버린다면, 해결을 위한 에너지는 하나도 남지 않을 겁니다. 그러니까 문제를 인정하고, 좀 더 긍정적인 것으로 넘어가야 합니다.

1990년대 초반이었나요, 내가 대충 10억 달러 정도의 빚을 지고 있을 때, 나는 회계사들이 일하고 있던 회의실로 들어갔습니다. 분위기는 정말 스트레스로 암울했죠. 그래서 난 우리들의 포커스를 바꾸어보자고 결심했습니다. 미래의 프로젝트를 위한 나의 계획을 소상히 그려주고 그 프로젝트들이 얼마나 환상적으로 이루어질 것인지를 설명했습니다. 내가 보는 성공의 생생한 모습을 그리기 시작했지요. 처음엔 우리 회계사들도 내가 너무나 스트레스를 받은 나머지 정신이 어떻게 되었나, 생각했지만, 나의 작전은 들어맞았답니다. 그 덕택에 우리들의 초점은 거창한 문제점을 두고 괴로워하는 것으로부터 우리들의 미래를 바라보는 걸로 바뀌었습니다. 그렇게 포커스를 바꾼 것이 바로 나의 컴백을 가능하게 만든 전환점이었답니다.

16

항상 돈이 전부인 것은 아니다

최종점수가 아니라 채점표 자체가 중요할 수도

여러분은 내가 돈의 중요성을 과소평가하리라고는 결코 예상하지 않을 것이다. 나는 운이 좋아서 무지무지하게 돈을 많이 벌었으니까. 사람들은 나를 돈과 연관 짓는데, 그것이 나에게 찬란한 삶을 선사하기도 했다. 하지만 돈을 버는 것이 여러분의 가장 중요한 목표가 되어서는 안 된다. 만일 그렇게 하는 경우, 여러분에게 다른 것은 거의 남지 않을 것이기 때문이다.

현실적으로 우리는 거의 다 돈을 벌어야만 한다. 지불해야 할 비용이 있으니까. 그러나 돈 버는 것 이외의 다른 목적도 똑 같이, 혹은 그 이상으로, 중요하다. 여러분의 일과 그 일이 주는 챌린지로부터 여러분이 얻게 되는 자극과 만족도 거기 포함된다. 몇 가지를 더 들자면, 다른 사람들을 돕고 올바른 일을 하거나, 배우고, 성장하며, 탁월한 사람들과 상대하는 것 등도 역시 그 속에 넣을 수 있겠다.

: 도널드 J. 트럼프

돈만 있으면 무엇이든 다 할 것이라는 견해를 가진 사람은 뭐든지 돈을 위해서 ㅎ 사람이라고 의심해도 좋으리라.

여러분의 비즈니스 경력은, 여러분이 남은 인생을 모두 바쳐야 할 하나의 장기적 모험이라고 생각하라. 그리하여 항상 내일을 위해서 경력을 쌓아올리고, 단순히 돈 이상의 목적을 가지도록 하라. 말하자면 여러분의 장기적인 브랜드, 명성, 그리고 여러분 자신의 회사를 쌓아올리는 것으로 생각하라는 것이다. 인맥을 늘리고 인간관계를 형성하라. 여러분의 일이 가져다줄 수 있는 개인적인 만족감에 투자하라.

여러분이 사업을 한다면, 돈을 버는 것은 등식等式의 한 부분이 되어야만 한다. 이익이 없이는 사업이 지속될 수 없으니까. 우리네 문화에서 돈을 버는 능력은 성공을 가늠하는 주된 척도가 되어있다. 그러나 얼마나 돈을 많이 버느냐가 관심사의 전부라면, 여러분은 아주 심각한 실수를 저지르고 있는 셈일 것이다.

대가代價

나는 내가 거래하려는 주체와 거래의 내용을 좋아하는 경우에 한해서 거래에 들어간다. 오로지 돈만을 위해서 거래하지는 않는다. 그 안에 무언가 내가 좋아하는 것이 있기 때문에 거래를 하게 되면, 정말 좋은 결과로 끝나게 마련이다. 난 무슨 일이든 사랑하기 때문에 실행한다. 그리고 끝에 가서는 돈을 번다. 돈을 벌 수 있을 것으로 생각은 되지만 내가 좋아하지 않는 일들을 하면, 그다지 잘 되지 않는다.

돈이란 것을 성공의 대가로 돌아오는 보상의 한 부분이라고 생각하라. 나의 경우를 말하자면, 놀라우리만치 좋은 사람들과 낯선 땅에서 신나는 모험을 하는 즐거움, 대부분의 사람들이 시도하지 않는 것들을 성취하는 즐거움 – 그런 즐거움을 돈으로 대체할 수는 없다. 내가 더 크게, 더 멋지게, 더 아름답게 짓는 것, 그리고 바라보는 사람들이 경외敬畏의 눈길을 거두지 못하게 만드는 프로젝트를 창조하는 것 - 그것은 돈 때문이 아니다. 한때는 진흙 구덩이였던 데 나의 빌딩이 마침내 위풍당당하게 우뚝 솟아있는 것을 볼 때의 그 성취감 - 달러 지폐가 어찌 그런 성취감과 어찌 감히 비교가 될 것인가.

여러분이 꾸준히 자신의 신념에 충실하고, 부지런히 노력한다면, 좋은 일들이 생길 것이다. 어프렌티스와 트럼프 대학교 프로젝트가 한꺼번에 나를 찾아왔을 때, 나는 그저 일상의 장사일로 분주한 중이었다. 난 그 어느 것도 예측하지 않았고 또 그런 걸 얻으려고 찾지도 않았지만, 여기까지 오게 되었다. 지금 그 두 프로젝트는 모두 잘 되고 있으며, 여러 방면으로 확대되고 있다. 그러나 나는 결코 돈을 벌기 위해서 거기 관여하지는 않았다.

TRUMP인생코치 ; 인생은 딱 한 번, 살아있을 때 실행

여러분의 성취뿐만 아니라 여러분의 공헌이란 관점에서 삶의 중요성을 심사숙고해보자.

■ 우선 무슨 일을 하는 것을 좋아하는지 스스로에게 물어보자: 그런 다음 돈에 대해서 생각하자.

■ 여러분의 이름이 개입되는 것이 자랑스럽게 느껴질 그런 프로젝트를 위해 일하라, 그러면 만족을 얻을 것이다. 여러분의 일이 다른 사람들에게 베풀거나 다른 사람들을 돕는 등, 가능한 한 많은 단계에서 중요성을 가지도록 만들라,

나의 첫 번째 빅딜은 낡아빠진 코모도어 호텔을 뜯어고쳐 아름다운 그랜드 하이엇 호텔로 탈바꿈하는 일이었다. 나는 단순히 돈을 벌어보겠다는 게 아니었다. 물론 돈을 버는 것도 당연히 내 계획의 일부이긴 했지만 말이다. 난 그랜드 센트럴 역과 42번가 주위의 볼썽사납게 황폐한 구역에다 다시 생명의 숨결을 불어넣고 싶었던 게다. 그 구역은 맨해턴의 중심부의 말라빠진 고엽枯葉으로 변해버렸던 터였고, 이 부식腐蝕된 회랑回廊을 통해 수백만의 사람들이 지나다니고 있었다. 나는 뉴욕 시를 위해서, 그리고 여기서 살고, 일하고, 여기를 방문하는 모든 사람들을 위해서, 무언가 굉장한 것을 창조하고 싶었다.

내가 코모도어 호텔을 변형시키는 데 성공하자, 도시의 부활이 시작되었고, 그것은 지금까지도 계속되고 있다. 이제 이 구역은 생기에 넘치고 환하다. 그렇다, 나는 돈도 벌었다. 하지만 돈 이상의 것이 거기 있었다. 나는 이 구역을 지나칠 때마다 말할 수 없는 자긍심에 가슴이 뿌듯해짐을 느낀다.

ㄴ, 뉴욕 시 42번가 그랜드 센트럴 역사驛舍의 보수補修 [사진 제공 - 트럼프 재단]

■ 전체적인 큰 그림이라는 관점에서 여러분이 하는 모든 일을 바라보라. 프로젝트의 단계 하나하나를 단순히 또 하나의 임무나 작업으로 보지 말고, 여러분의 삶에서 다음 단계에 이를 수 있도록 도와줄 하나의 계단으로도 보아야 한다.

■ 여러분의 가치만큼 가격을 매기라. 만약 여러분이 훌륭하다면 그에 상응 相應하는 보수를 요구하라. 보수는 여러분이 제공하는 서비스의 질質에 비례하도록 만들고, 그 다음 가장 높은 보수를 받는 사람이 되도록 하라.

: 내 인생의 아주 특별한 한 주일 (수요일)

오전 08:30　로나가 들어와 5월의 스케줄을 검토함. 아직 겨우 3월인데도!
5월 1일은 메트로폴리턴 예술박물관(Metropolitan Museum
of Art)에서 의류위원회 무도회 (Costume Institute Ball)가
열리는 날이다. 다른 무엇보다 애너 윈투어 (Anna Wintour)
의 우아한 작품 때문에라도 이건 굉장한 행사가 아닐 수 없
다. 5월에는 또 국제연합에 대해서 인터뷰를 할 계획이며,
CNN과는 '에스빠냐' 어로 인터뷰할 계획도 있다. 여기저기
서 보내온 초청과 인터뷰 요청을 검토함.

오전 09:00　조지 로스(George Ross)가 사무실로 찾아와 에이븐(Avon)에
대해서 논의함. 에이븐은 트럼프 타워 안에 점포가 있고, 5번
가에도 상점을 열고 있다.

오전 09:30　봅 라이트(Bob Wright)의 전화를 받음. 봅은 사상 최고의 위
대한 사업가인 동시에 훌륭한 사람이다. 아내인 수전과 함께
그는 다음 주 우리와 저녁을 같이 할 예정이다.
오프라(Oprah)의 팀이 전화를 했는데, 나는 우리 아파트에서
촬영할 TV 쇼 오프라의 일부를 함께 하기로 합의함,

오전 10:00　어프렌티스의 제작자이며 마크 버넷 프러덕션즈 소속인 제이
빈스톡(Jay Bienstock)이 전화를 걸어 5월 11일 로스앤젤레
스에서 개최될 어프렌티스 다음 회를 위한 최종 캐스팅 콜을

확인함. 우린 이 프로그램과 최종 확인되어야 할 몇 가지 포인트를 논의함.

오전 10:30 캐시 글로서(Cathy Glosser)가 들어와 이번 봄이 끝날 무렵에 개최되는 마크래프트(Marcaft) 칵테일 파티에 관해 의논하고, 에스테 로더 (Estee Lauder)의 윌리엄 로더(William Lauder) 및 스티븐 플로리오(Steven Florio)와의 향수 관련 미팅을 확정함. 우리가 출시한 양복, 넥타이, 향수 등은 잘 팔리고 있다.

도널드 트럼프 상표의 셔츠 컬렉션

도널드 트럼프 상표의
넥타이 컬렉션

…널드 트럼프 상표의 손목시계 컬렉션

오전 11:00 로나가 들어와 이사회 디너가 스파크스 스테이크하우스에서 있을 거라고 확인. 좋은 아이디어인 것 같다. 진 조지즈(Jean Georges)에게 전화를 해서 기요사키 부부와 그들의 파트너인 섀런 렉터에게 샴페인을 한 병 보내라고 시킬 일이 생각났다. 그들은 처음으로 이 식당을 방문하기 때문이다. 누구든 최고의 요리를 즐기는 미식가들에게 나는 진 조지즈를 추천한다. 그의 식당은 언제나 끝내주지만, 예약하는 게 쉽지는 않다.

돈 주니어와 이방카가 찾아와 파나마의 트럼프 오션 클럽 (Trump Ocean Club)에 관한 세부사항을 좀 더 협의함. 돛을 닮은 이 클럽은 아름다운 건물이 될 것이며, 주위환경도 이상적이다. 우리는 필라델피아의 트럼프 타워 오프닝 행사일인 5월 4일도 다시 검토했다.

다시금 로나가 들어와 돈 주니어 및 이방카와 함께 출연한 20/20 에피소드가 5월 5일에 방송된다고 말해줌. 아직도 3월이지만 이미 5월의 냄새가 물씬 풍기는 듯. 어쨌든 우리는 미리미리 계획을 해야 한다. 로나는 또 돈 주니어, 이방카와 함께 할 애비뉴(Avenue) 잡지 사진 촬영도 확인함. 아이들이 그처럼 에너지에 넘쳐 있다는 건 좋은 일이다. 그들 자신의 스케줄만 해도 빡빡한데다 해외여행도 심심찮게 짜여져 있으니까 말이다.

오후 12:00 　시카고의 트럼프 국제호텔에 관한 인수 문제를 좀 더 검토하기 위해 앤디 와이스가 들렀음. 우리는 아무리 늦어도 올해 말 경이면 이 프로젝트를 추진할 수 있을 것이다. 나는 언제나 시카고를 좋아했고, 이 프로젝트를 즐겨온 터였다.
멜라니어가 어떻게 지내고 있나, 전화를 함. 그녀는 아주 기분이 좋으며 신상품의 준비와 관련된 세부사항을 처리하느라 대단히 바쁘다.

오후 12:30 　몇 차례 전화를 걸기도 하고 받기도 한 다음, 회의 중에 들어왔던 나머지 메시지들을 모두 가져오라고 지시. 크리스 디바인에게 트럼프 타워 그릴에서 점심을 좀 시켜 올려 보내라고 부탁. DT 버거 정도면 괜찮을 것 같다.
로나가 수령한 몇 가지 요청을 가지고 와서 묻기에, 그 중에서 뉴포트(Newport) 기념일에 관련된 레프렉(Lefrak) 재단의 비디오 제작과 이탈리아 보그(Vogue) 지의 사진 촬영을 수락하기로 결심함.
오늘은 너무나 날씨가 아름다워서 브라이어클리프에 있는 우리 골프 클럽으로 드라이브를 해야겠다고 마음먹다. 그래서 여기서 점심 먹는 것은 취소하고 클럽에서 식사하기로 함. 그런 다음엔 부동산 프로젝트 현장에 들러 대지와 빌라를 직접 보고서, 어떤 개선책이 마련되고 있는지 볼 예정. 다가오는 골프 시즌에 대비해서 아주 멋지게 보인다.

우리는 5월에 미국 암 협회 및 유방암 치료법 연구를 위한 춘계 패션 쇼를 개최하게 된다. 그 계획을 검토했는데, 굉장히 성공적이 될 것 같다.

오후 05:00 사무실로 돌아와 몇 군데 답신 전화를 걸고 나니, 버니 다이어먼드가 들어와 몇 가 지 사안에 대해서 브리핑을 했다. 앨런 웨이슬버그한테도 합석하라고 지시. 이 친구들은 모두 초점이 잘 맞추어져 있는데다 철저하다.

배우 마이클 더글러스(Michael Douglas)가 LA의 트럼프 내셔널 골프 클럽에서 유명 인사 골프시합을 개최할 예정인데, 이를 위해서 봄이 끝날 무렵쯤 인터뷰를 하는 데 동의했다. 나도 그 시합에 참가하고 싶지만, 이미 잡혀있는 일정을 바꿀 수 없어 안타깝다.

NBC 방송국의 제프 주커(Jeff Zucker)로부터 전화. 우리는 마크 버넷 사무실에서 회의를 가졌다.

오후 05:45 로나가 오늘의 우편물을 전달. 그 안에는 더 많은 요청, 초대, 서류, 잡지 한 묶음 따위가 들어있다. 그걸 보느라 45분 정도 소모. 보면서 메모를 하고 내일을 위한 서류들을 정리함. 그 중 한 편지는 일반적으로 잘 알려진 '펌퍼니클'(pumpernickel) 빵 대신에 '트럼퍼니클'(Trumpernickel) 빵을 만들고 싶다는 내용이 들어있었다. [펌퍼니클은 거칠게 만든 호밀빵을 가리키는데, 저자의 이름을 차용해서 트럼퍼니클이란 이름의 빵을 만들겠다는 우스개 소리 - 역자 주]

오후 05:45 사무실 전기를 다 끄고 귀가함.

17

배운다는 건 신나는 일

새로운 프로젝트 하나하나가 모험

뉴욕시에서 건물을 세우려면 개발업자는 도시구획區劃, 대기권大氣權, 세법稅法 등에 관한 수천 가지의 사항을 알아야 하며, 몇몇 예만 들더라도 도급업체都給業體, 설계사, 노동조합, 시청 등의 조직과 업무를 처리해야만 한다. 무엇보다 먼저 배워야 할 일들이 너무도 많기 때문에 하룻밤 새 개발업자로 성공하는 법은 없다. 내 말을 믿어도 좋다. 나에게 있어 이것은 하나의 모험이다.

무언가 새로운 일을 시작할 때마다 나는 수없이 많은 것을 배워야 한다는 걸 알고 있다. 나는 새로운 프로젝트를 아무 것도 씌어 있지 않은 백지로 보며, 그 백지를 채울 일이 너무도 기다려진다. 나는 무언가를 조사하고, 새로운 영역을 파헤치며, 정보를 습득하고, 그걸 취합聚合함으로써, 완전히 새로운 일에 대해서 심도 있게 이해하는 것을 사랑하기 때문에, 들뜨고 흥분하는 것이다.

한 발짝 한 발짝 경력을 쌓을 때마다 나는 이런 느낌을 만끽했다. 성공적인 프로젝트를 시작할 때마다 그런 느낌으로 시작한다. 나는 그것을 하나의 사인(sign)으로 간주한다. 그 들뜬 흥분이 느껴지지 않으면 나는 보통 그 기회를 지나쳐버린다. 엄청난 이득이 생길 수 있다고 하더라도 말이다. 나의 열정은 나로 하여금 배우지 않을 수 없게 만들고, 내가 배운 것은 나에게 더 많은 것을 컨트롤하게 만든다. 내 지식은 또한 실수를 피하고 생길 수 있는 문제점을 제거하는 데 도움을 준다.

나의 여행사인 고트럼프닷컴 (GoTrump.com)을 시작하기 전에 나는 여행에 관해서 철저히 연구를 했다. 남성의류 도널드 J. 트럼프 시그니처 컬렉션 (DJT Signature Collection)을 위해서는 남성 패션을 꼼꼼히 챙겼고, 트럼프 대학교를 시작하기 전에도 신중하게 조사하고 많은 걸 읽었다. 그런 사례들은 그저 몇 가지 예에 불과하다.

또한 내가 어프렌티스의 공동제작자로 나섰을 때는 엔터테인먼트 산업에 대해서 조금 알긴 했지만, 리앨리티 쇼 (reality television)에 대해서는 제대로 아는 게 전혀 없었다. 그래서 나는 공부를 해야 했다. 나는 책을 읽고, 전문가들과 이야기를 나누고, 주의를 기울였으며, 귀를 기울였고, 그러면서 배운 것들을 모두 현실에 적용했다. 그건 마치 일련의 집중훈련을 받는 것과 다름없었다. 그것은 새로운 일이었지만, 매혹적이었다. 수영장으로 치면 물이 깊은 쪽에서 풍덩 뛰어들었기 때문에 나는 빠져죽기 싫으면 제대로 헤엄치는 법을 배워야 함을 알았고, 그렇게 했다. 그것은 굉장한 경험이었고, 지금까지도 굉장한 경험이다.

마음을 열어두라

│ 새로운 아이디어와 정보에 대해서 항상 마음을 열어두라. 어느 누구도 그것을 모조리 아는 사람은 없으며, 여러분이 알고 있다고 생각한다면 그건 어리석은 일이다. 위대한 발견과 기회를 향한 문을 쾅 닫아버리는 꼴이니까 말이다. 내가 만일 뭐든지 다 안다고 생각하면서 사업을 시작했더라면, 아마 칼도 빼기 전에 꼬꾸라졌을 것이다. 그런 실수는 하지

내가 아는 것은 단 하나 뿐, 즉, 내가 아무 것도 모른다는 사실이다.

소크라테스

●

마시라. 어떤 비즈니스든 의외의 요소와, 겉보기와는 달리 숨은 위험이 있고, 단순했던 문제점들은 복잡하게 변하는 법이다.

나는 내 삶의 하루하루가 발견으로 가득하기를 바란다. 그리고 내가 날마다 또 무엇을 배우게 되는지 종종 궁금해진다. 그것은 하루를 시작하는 멋진 방식이 아니겠는가. 무언가를 배울 때, 나는 기분이 날아갈 듯, 살아있는 듯, 한없이 들뜨는 느낌이다. 그래서 나로 하여금 더욱 더 많은 걸 배우고 싶도록 만든다. 그 결과 나는 절대로 지루해지는 법이 없는데, 그거야말로 내가 성공한 커다란 이유라고 생각한다.

절대로 배움을 무슨 부담이라든지 귀찮은 일로 생각하지 말라. 기강이 좀 필요한 일일지는 몰라도, 그건 자극적이면서도 신나는 모험이 될 수 있다.

TRUMP인생코치 ; 인생은 딱 한 번, 살아있을 때 실행

■ 영원한 학생이 되자. 여러 가지 주제에 대해 정보를 모조리 꿀꺽 삼키자.

■ 때때로 스스로에게 물어보자: "무엇에 대해서 좀 더 배워야 할까?" 목록을 만들고 여러분이 약할지도 모르는 분야, 혹은 조사를 해보고 싶은 분야를 연구하라. 언제나 회피했던 주제를, 혹은 여러분의 전문 영역 밖에 있는 주제를 들여다보라. 이 너른 세상에 무슨 일이 벌어지고 있는지를

→ 도널드 J. 트럼프 시그니처 양복 컬렉션
[사진 제공 – 트럼프 재단]

아는 것이 내 사업에도 중요하기 때문에, 나는 하루도 빠지지 않고 파이낸셜 타임즈(Financial Times) 같은 신문을 읽으려고 애쓴다. 하지만 나는 또 골프 잡지 읽는 것도 좋아한다.

주의하라

끊임없이 자기가 얼마나 아는 게 많은지를 과시해야만 직성이 풀리는 사람들보다도 더 밥맛 떨어지는 건 없다. 오래지 않아 아무도 그런 사람에게 귀를 기울이지 않게 되지만, 아무도 그런 사람이 얼마나 하품 나게 따분한지는 절대 잊지 않는다.

18

나무가 아니라 숲을 보라

하지만 숲이 변할 것에 대비하라

───────

어떤 사람들은 '터널 비전'(tunnel vision), 즉, 상당히 좁은 시야를 갖고 있다. 그들은 그림 전체가 아니라 그림의 어떤 일부분만을 본다. 여러분이 열정에 사로잡혀 있거나 무섭게 집중하고 있을 때는 바로 코앞에 있는 것을 놓치거나 눈에 보이는 것을 잘못 해석하기가 쉽다. 전체 그림을 보지 않으면 잘못된 방향으로 나아가고, 실수를 하며, 시간과 에너지와 자원을 낭비하기 십상이다.

핵심 임직원, 고문, 친구들, 멘토(mentor) 등 여러분의 팀에게 의지함으로써 이런 실수를 피하자. 그 팀은 여러분으로 하여금 큰 그림을 볼 수 있도록 도와주기 때문이다. 그들은 여러분에게 부족한 전문지식, 통찰력, 그리고 양식良識을 지니고 있을지 모른다. 주위에 최고의 친구들을 불러 모으고 그들이 가진 정보를 적극 이용하고 그들의 충고에 귀를 기울이라.

일단一團의 비즈니스맨들이 월스트리트 40번 건물 1층에다 에이트리엄(atrium)을 만들자고 제안했다. [에이트리엄 : 대형 건물의 저층으로부터 고층에 이르는 수직 공간 일부를 일체 사용하지 않고 뻥 뚫린 채 버려둠으로써, 풍부한 자연광自然光이 건물 내로 들어오게 하면서 입주자나 방문객들에게 널찍하고 여유

있는 공간 감각을 부여하는 근대적 건축 방식. 흔히
대형 몰이나 호텔 등에서 볼 수 있으며, '아트리움'으
로 불리기도 한다. - 역자 주]

그걸 제안한 사람들의 비전에 의하면, 에이트리엄이 있는 경우 사람들이 빌
딩에 들어와서 외부의 야단법석과 콘크리트와 마천루 등과 예리한 대조를
이루는 푸르른 신비의 나라, 혹은 오아시스 속으로 빠져드는 느낌을 가진다
는 것이었다. 그들의 기본적 아이디어는 월스트리트 40번 빌딩을 다운타운
의 트럼프 타워로 바꾸자는 것이었다. 헌데, 그들은 아주 중요한 것을 잊고
있었다. 이 72층짜리 건물을 떠받치고 있는 쇠기둥들은 변경도 제거도 불가
능하다는 점을. 이 비즈니스맨들은 에이트리엄이라는 아이디어에 너무나
들뜬 나머지, 빌딩의 주된 구조적 요소가 방해가 된다는 사실을 간과했던
것이다.

변하지 않는 것은 없다

| 인생이든 사업이든 상당한 부분은 결국 생존에 관
한 문제다. 다윈(Darwin)은 우리에게 "생존하고 싶은가? 그러면 적응하라!"
고 가르쳤다. 진화는 사업과 인생에 있어 끊임없이 일어난다. 가장 강력한
제국조차도 흥했다가 망하곤 한다. 더도 말고 역사를 한 번 훑어보라. 로마
제국, 오토만제국, 대영제국 - 모두 한 때는 세상을 지배했지만 결국 하나

: 도널드 J. 트럼프

변화를 예측하고 그것을 포용하라. 변화는 큰 그림 전체에 영향을 미칠 수 있다.
여러분이 이용할 수 있는 새로운 사태의 발전을 간파하고,
거기서 이득을 취하며, 그걸로 새로운 문을 열어젖히라!

씩 스러지고 말았다.

모든 것은 항상 변하기 때문에, 끊임없이 큰 그림을 재평가해야 한다. 눈앞에 보이는 조망眺望을 다시 검토하고, 무엇이 바뀌었으며, 그로 인한 차이가 여러분에게 무엇을 의미하는지 인식하라. 그런 다음 어떻게 여러분이 그 변화에 보조를 맞출 것인지, 어떻게 그런 변화가 여러분에게 득이 되도록 할 것인지를 찾아내라. 내가 세상이 얼마나 빠르게 움직이는지를 깨달았을 때, 나는 거기 적응하든가 아니면 낙오하고 말든가 둘 중 하나를 선택해야 했다. 나는 일하는 시간을 늘림으로써 적응하기로 결심했다. 나는 내가 하는 일을 사랑했으며, 예전에도 항상 일은 열심히 해왔던 터라, 그건 그다지 큰 희생은 아니었다. 어쨌든 내가 업무량을 증가한 이래로 나는 그 어느 때보다도 더 행복하고 더 능률적이다. 그리고 나와 경쟁하고자 하는 사람들은 이에 따라와야 했다. 여러분도 항상 앞으로 나아가야 한다, 그렇지 않으면 파이는 놓치고 빵부스러기만으로 만족해야 한다.

나는 트럼프 재단이라고 하는 나의 비즈니스를 하나의 살아 숨 쉬며 끊임없이 진화하는 생명체로 본다. 대부분의 대기업들과 마찬가지로 내 회사도 아주 긴밀하게 상호 조화가 되어야만 성과를 극대화할 수 있는 여러 개의 부문으로 구성된다. 그러니까 커다란 그림을 이해하고 사업 환경이 어떻게 변하고 있는지를 이해하는 것은 내 몫이다. 나는 모든 구성요소들이 제자리에 있도록 만전을 기해야 하며, 모든 부품들은 기름이 잘 쳐져있고 완전히 기능을 발휘할 수 있어 곧바로 실행에 들어갈 만반의 준비가 되도록 해야 한다. 그리고 회사 내 각 부문은 인원, 시간, 자원의 측면에서 트럼프라는 이름을 붙일 자격이 있는 제품을 창조하는 데 필요한 거라면 무엇이든지 다 가지도록 만전을 기해야 한다.

TRUMP 인생코치 ; 인생은 딱 한 번, 살아있을 때 실행

큰 그림을 어떻게 보며, 변화에 어떻게 적응하는가? 여기에 그 요령이 있다.

■ 여러 해를 거듭하면서 어마어마한 성공을 거둘 수 있는 그런 비즈니스를 창조하는 것을 여러분의 목표로 삼으라.

■ 여러분의 약점을 보강하고, 빠진 것들을 채워 넣으며, 새로운 영역을 개척해보라. 하지만 지금 여러분이 갖고 있는 강점을 소홀히 한다든지 침식되게 놔두는 일은 없어야 한다.

■ 한 군데 머물거나 안일해지거나 과거에 아무리 성공했다 하더라도 그 성공에 만족한 채 머물지 말라. 50퍼센트만을 주는 것은 충분치 않다. 여러분의 고객과 소비자들은 그보다 더 많은 것을 받을 자격이 있다. 그들은 여러분의 최선을 누릴 자격이 있는 것이다.

트럼프 씨, 물어볼 게 있어요
[트럼프 대학교 블로그를 방문한 사람들의 질문]

문問

지금 MBA 코스를 밟고 있는 학생입니다. 동시에 리더십 강좌도 듣고 있는데, 거기서 우리는 학기말 과제로 우리가 경탄해 마지않는 리더에 대해서 일종의 프리젠테이션을 준비해야 합니다. 헌데 제가 속해

있는 그룹이 그 대상으로 당신을 선택했지 뭡니까. 그래서 당신은 강력한 지도자에게 필수불가결한 자질이 무엇이라고 생각하시는지 알고 싶습니다.

DJT

1 책임지는 것. 리더십은 공동체의 노력이 아닙니다. 만일 당신이 우두머리라면, 우두머리답게 모든 걸 책임져야 합니다.

2 집중하는 것. 매일매일 여러분이 갖고 있는 모든 것을 여러분이 하는 일에다 쏟아 부으십시오.

3 본능 혹은 직관을 믿는 것.

4 모멘텀을 유지하는 것. 그리고 모든 사람들이 앞으로 나아가도록 유지하는 것.

5 스스로를 믿는 것. 당신이 당신을 믿지 못한다면, 어느 누가 당신을 신뢰하겠어요?

6 끈질기고 터프할 것. 절대 포기하지 않는 것.

7 스스로를 승리자로 보는 것. 그리고 승리하는 팀을 이끄는 것.

8 긴장의 끈을 놓지 않고 사는 것. 결코 무사태평하지 않는 것.

9 하는 일에 대해 열정을 가질 것. 열정이 없이는 절대로 효율적인 리더가 될 수 없어요.

10 크게 생각하고, 크게 이길 것.

19
판촉에도 때가 있는 법

사업의 성공은 결국 인내와 타이밍에 달려있다

타이밍이 전부다. 지금 온갖 제품들이 전에 없던 속도로 -심지어는 제품이 완전히 준비되기도 전에- 시장으로 쏟아져 나오고 있는데, 이건 회사들이 한바탕 떠들썩한 판촉을 해서 재빨리 돈을 거두어들이기 위한 수단이다. 시간을 끌었다가는 경쟁자들이 유사한 제품을 더 빨리, 더 싸게, 더 좋게 만들어낼지도 모른다는 것을 이런 회사들은 알고 있는 것이다. 그래서 제품을 서둘러 시장에 진입시킨다.

그러나 적절한 타이밍이란 단순히 누구보다 빠르다는 것 이상을 의미한다. 그것은 제대로 된 기회를 포착하는 것을 가리키기도 하니까 말이다. 비즈니스의 주된 목적은 지속적으로 히트 상품을 만들어내어 회사가 생존하도록 하는 것이다. 스피드란 크고 신속한 이익을 의미하기 때문에 매혹적인 것은 사실이지만, 상품이 시장에서 일찌감치 퇴출되는 결과를 초래할 수도 있다. 그러니까 제대로 된 거래의 순간을 기다리며, 장기적으로 생각하라. 그러려면 기획과 인내심과 자기수양自己修養이 필요하다.

지난 여러 해 동안 나는 테니스를 많이 보기도 했고 직접 하기도 했는데, 뛰어난 선수들의 기막힌 타이밍은 정말 나를 매혹시켰다. 그런 탁월한 선수들이 공에 접근할 때는, 마치 정확한 공격의 순간을 기다리는 호랑이처럼

└. 플로리다 팜비치에 있는 매-러-라고 클럽에서 테니스를 하고 있는 트럼프
[사진 제공 – 트럼프 재단]

일사불란한 집중력을 유지한다. 그리고 때가 되면 있는 힘과 근력을 모두 다해 공을 후려친다. 그렇게 볼을 때리는 래킷의 소리는 짜릿하여, 관중들에게 전율을 느끼게 만든다.

코미디언들 또한 타이밍의 명수들이다. 잠깐 동작을 멈추거나, 어깨를 으쓱하기도 하며, 제스처와 표정을 쓰고, 힐끗 쳐다보는가 하면, 이리저리 걷고, 우리들을 웃게 만드는 움직임을 구사한다. 말은 단 한 마디도 안 하건만, 사람들을 눈물 나도록 웃기는 것이다. 그들이 창조하는 예술의 중요한 한 부분이다.

내가 협상에 임할 때, 특히 내가 정말로 무엇인가를 얻어내고자 할 때, 나는 유리한 고지를 점하기 위해서 종종 타이밍을 이용한다. 내가 좋아하는 전략 중의 하나는 느긋한 표정으로 내가 정말 그 딜(deal)을 원하는지 아닌지 확실히 모르겠다는 듯 짐짓 연기를 하는 것이다. 이렇게 되면 상대방은 곤혹스럽게 되고, 그래서 나는 정확히 내가 무엇을 원하는지와 어떻게 그것을 얻을 것인지 따져볼 수 있는 시간을 얻게 된다. 그렇게 망설이면서 나는 스스로에게 묻는다: "내가 왜 이 거래를 원하는 거지?" "난 과연 얼마만큼이나 그걸 원하는가?" "나에게 동기를 부여하는 게 무엇이지?"

흥미롭게도 이런 질문에 대한 나의 대답은, 내가 다음 수手를 둬야 하는가, 언제 어떻게 그런 수를 두어야 하는가, 등을 결정하는 데 보통 도움이 된다. 또한 때를 기다리는 것은 여러분이 계획을 짜고, 우선순위를 매기고, 지나치게 충동적이거나 과욕을 내거나 감정적이 되지 않도록 도와주기도 한다.

인내심을 키우라

만약 협상을 하는 중에 여러분이 지나치게 안달을 하거나 여러분이 갖고 있는 패를 너무 일찍 보여주면, 가격은 천정부지天頂不知로 뛰어오르고 조건도 불리하게 바뀔 수 있다. 여러분의 초조함은 상대방을 우세하게 만들고, 그렇게 되면 보통 거래를 성사시키는 것이 더 힘들어진다. 여러분의 초조함은 괜히 많은 프리미엄을 내지 않을 수 없게 만들 수 있고, 그 결과 그 벤처에서 얻을 수 있는 이득을 갉아먹을 수도 있다.

여러분이 어떤 딜을 원하는데도 상황이 좋지 않은 경우가 종종 있다. 그럴 때는 필수적인 몇몇 요소들이 빠져있다는 거다. 다행히도 사태란 변하게 마련이고 그렇기 때문에 인내심이 진정으로 빛을 발하는 것이다. 나는 어떤 프로젝트를 위해서 나의 모든 필요조건들이 성숙할 때까지 30년씩이나 기

: 도널드 J. 트럼프

래킷을 휘두르기 전에 나는 공이 내 쪽으로 돌아오기를 기다린다.
그것이 내 목적을 달성할 수 있는 가장 좋은 기회를 주니까.

다린 적도 있고, 또 어떤 프로젝트를 위해서는 지금 이 순간에도 기다리고 있는 중이다. 언제 상황이 변해서 괜찮아질는지, 아니, 과연 변하기는 변할는지, 나도 알 수 없다.

한 번은 내가 어떤 대규모의 부동산에 관심이 있는데, 이런저런 일들이 생겨 내가 마지막 행동을 취하지 못하게 만들었다. 이러한 문제들이 계속되면서, 나는 괜히 마음이 불편해져 그냥 기다리기로 결심했다. 몇 달이 지나서 이 지역에 엄청난 폭풍우가 몰아쳐 일대를 쑥대밭으로 만들어버렸다. 그 땅을 두고 내가 의도했던 프로젝트를 추진할 수 있는 가능성은 완전히 망가져버렸다. 그러니까 좀 기다려야겠다는 나의 결정이 엄청난 손실을 예방해준 셈이었다. 그 땅 자체는 훌륭했을지 모르나, 타이밍이 전혀 틀려먹었던 것이다.

기다린다는 것은 앞으로 나아가는 것보다 더 어려울 수도 있고, 틀림없이 더 많은 자제력을 필요로 한다. 본능과 감정을 컨트롤하고 스스로를 묶어두어야 하는데, 그게 말처럼 쉽지가 않은 것이다. 그러나 주변 상황이 적절하지 않을 때는 맘을 단단히 먹고, 강인하게 양보를 하지 않아야 한다. 더 나은 조건을 얻도록 하라. 하지만 그렇게 되지 않는다면, 포기하거나 기다려야 한다.

나는 추진력이란 걸 굳게 믿는 사람이다. 하지만 어떤 때는 보조를 늦추어야 한다. 조직적으로 움직인다고 해서 반드시 안이安易해지는 것은 아니며, 오히려 그것은 어떤 테크닉의 한 부분으로 봐야 한다. 스피드를 낮추지 않으면 완전히 통제불능의 상태가 되거나, 정도正道에서 벗어나 스스로를 위험에 빠뜨릴 수도 있는 것이다.

템포를 조절하라, 그러면 대개의 경우 여러분이 게임을 통제할 수 있다. 여러분이 정한 템포로 게임을 하게 되면, 여러분이 주도를 잡게 된다. 여러분이 어젠더(agenda)를 정하고 게임이 진행되는 스피드를 결정하면 다른 이들은 여러분에게 응답하지 않을 수 없게 된다. 그렇게 되면 여러분이 승리할 수 있는 가능성은 높아진다.

20

고정된 틀을 피하라

마음을 열고 융통성을 가지라

트럼프 타워를 지을 때 나는 애당초 이 건물에 티퍼니 타워 (Tiffany Tower)라는 이름을 붙이기로 했었다. 바로 옆에 뉴욕시 5번가의 상징적 건물인 보석상 티퍼니 (Tiffany & Co.)가 자리잡고 있었기 때문이었다. 그런데 어떤 친구가 물었다. "자네가 지은 자네의 건물인데, 왜 유명한 딴 보석상의 이름을 따서 부르려고 하는 거지?" 일리가 있는 말이었다. 나는 그 건물을 트럼프 타워라고 명명했다. 이젠 트럼프 타워 자체가 유명한 곳, 사람들이 알아보는 장소와 이름으로 자리 잡았다. 남의 말을 경청하고 경우에 따라 기꺼이 변화를 수용하는 것은 득이 된다.

완강하고 터프해야 할 때도 물론 많다. 안 그랬다가는 비즈니스의 약탈자들이 여러분을 산채로 잡아먹지 않겠는가? 그러나 여러분은 또한 마음을 바꾸고 융통성을 발휘해야 할 때도 알아야 한다. 이미 정해놓은 패턴만을 따르겠노라고 고집을 피운다면, 여러분과 여러분의 미래를 옥죄는 결과가 될지 모른다.

세상만사가 변하고 원래의 계획대로 되는 일이란 거의 없다. 그러니까 변화가 생기면 —아, 변화란 생기게 마련이니까— 여러분도 거기 적응하고, 변하고, 심지어는 유-턴까지도 감행해야 한다.

ㄴ, 뉴욕시 5번가에 있는 트럼프 타워 [사진 제공 – 트럼프 재단]

여러분의 무풍無風지대를 조심하라

ㅣ무사태평 안락한 지대에서 너무 마음을 놓으면 안 된다. 지나치게 편안해지면 여러분은 안일하게 되어 결코 성장하지 못하거나 경험의 폭을 넓힐 수가 없게 될 것이다. 한 자리에 가만히 머물러 있는 것은 안전한 삶일지는 모르나, 따분하고 침체되고 비생산적인 삶일 수도 있다. 도전을 받아들이라 ― 여러분의 삶과 비즈니스 속에 변화를 불러들이라.

: 도널드 J. 트럼프

성공이란 멋진 것. 의미 있는 성공이란 몇 배나 더 멋진 것.

어프렌티스가 2005년도 에미상 (Emmy Award) 최우수 리앨리티 쇼 부문에 지명되었을 때, 나는 로스앤젤레스에서 열린 시상식에 참석했다. 제작자들은 시상식 중 여흥餘興의 하나를 부탁했다. 가슴받이가 달린 작업바지를 입고 밀짚모자를 쓴 채로 건초용 포크를 들고서 미건 멀럴리 (Megan Mullally)와 함께 그린 에이커즈 (Green Acres)의 주제곡을 좀 불러달라는 것이었다. 아니, 이거야, 원, 말도 안 되는 소리였고, 완전히 나답지 않은 짓이 아닌가? 하지만 나는 수락했다. 내가 무슨 엘비스도 아니고 파바로티도 아닌 거야 말할 것도 없지만, 그래도 재미있을 것이었기 때문이다.

무대에서 노래를 하는 내내 나는 어프렌티스를 위한 성가聲價를 높이는 데에만 마음을 집중시켰다. 노래를 한다든지 무대의상을 입는 따위는 물론 내가 하는 일이 아니지만, 난 그 도전을 받아들였고 모든 사람들에게 한 바탕 웃음을 선사했다. 그건 무지하게 재미있는 일이었고, 청중들은 모두 열광했으며, 언론 보도에서도 엄청난 칭찬을 받았다. 그뿐이랴, 놀랍게도 그날 밤 나는 재능이 있다고 인기상까지 받았다.

ㄴ 에미상 시상식에서 미건 멀럴리와 노래하는 트럼프
[사진 제공 – 트럼프 재단]

내가 만약 융통성이 없었거나 소탈한 사람이 아니었더라면, 재미도 보고 다른 사람도 즐겁게 하며 소문깨나 만들어낼 수 있는 황금의 기회를 놓치고 말았을 것이다. 나는 격에 맞지 않는 짓도 하고, 무언가 다른 일을 하거나, 사람들을 깜짝 놀라게 하고, 그들을 파안대소破顔大笑하게 만드는 걸 좋아한다. 고집불통이 되어서 훌륭한 기회를 놓쳐버리는 일이 없도록 하자.

성공은 수없이 많은 다른 방식으로 이룩할 수 있다. 어떤 이들은 결코 변하지 않는다. 그들은 조금도 굽지 않은 직선의 경로만을 따라간다. 하지만 구불구불 돌아가고 쉽사리 이해되지 않을지도 모르는 에움길을 취하는 사람들도 있다.

여러분도 패턴을 타파하라! 새로운 방식도 시도해보라. 여러분의 무풍지대에 머물러 있으면 여러분의 이해는 제약을 받을지 모른다.

어프렌티스를 하기 전에도 나는 리얼리티 쇼를 하자는 제의를 더러 받았지만, 그 어느 것도 매력적으로 들리지 않았다. 마크 버넷이 내게 접근했을 때도, 그의 제안을 즉석에서 쉽게 거절할 수도 있었다. 그전에 받아봤던 제의와 별반 다를 바가 없었으니까. 그러나 나는 그래도 맘을 열고, 그에게 귀를 기울였으며, 결국 그의 아이디어가 마음에 와 닿았던 것이다. 마음의 문을 닫아걸 수 있었을 때에 나는 융통성을 부렸는데, 자, 그 결과가 얼마나 멋진 것인지 여러분도 알지 않는가! 난 그 때 문을 활짝 열어놓고 긍정적인 태도를 유지했던 것이 기쁘다.

인생은 자연 재앙이나, 테러 공격이나, 전쟁, 사고, 질병 등 우리가 컨트롤할 수 없는 것들로 너무나 넘쳐흐른다. 그러니 너무 딱딱하게 굴지 말라.

부러질 수 있다. 무슨 일이 닥치든 유연하게 대처하고 적응하는 편이 더 현명한 것이다.

새로운 행동은 어떤 것이든 힘을 부여한다. 적응은 낡은 이론이긴 하지만 여전히 믿을만한 것이다.

■ 인생은 예측할 수 없고 사물은 변한다는 사실을 이해하자. 여러분이 페이스를 유지해서 성공을 이룩하자면, 여러분의 방법과 목표도 변해야만 한다는 것을 깨달아야 한다.

■ 지구촌에서 무슨 일이 일어나고 있는지 늘 인지하고 있으라. 최근 사태의 발전을 여러분의 세계 속으로 어떻게 융합시킬 수 있는지 연구해보라. 새로운 관심사라든가 즐거움을 향한 문을 활짝 열어줄 수 있을 테니까.

■ 여러분의 무풍 안전지대에서 기꺼이 빠져나와 새로운 일들을 시도하라. 위험을 무릅쓰고, 대담하게 새로운 것을 포용하라.

■ 항상 열린 마음을 유지하라. 세심하게 귀를 기울이고 기꺼이 변화를 감행하라. 변화는 여러분이 틀렸다든가, 여러분이 패배했다는 의미가 아니다. 변화는 영리한 일인 경우가 많다.

트럼프 씨, 물어볼 게 있어요
[트럼프 대학교 블로그를 방문한 사람들의 질문]

문問

사람들을 해고시킬 배짱이 모자라는 상황에서, 이미 깨어져 엉망이 되어버린 팀을 어떻게 고칠 수 있을까요?

DJT

그렇다면 팀을 뒤흔들어 확 뒤섞어 보세요. 멤버들을 더하거나 빼거나 해보면 가장 협동을 잘 할 수 있는 그룹을 얻을 수 있을 겁니다. 지나친 자아自我(ego)는 팀을 분산시킬 수 있습니다. 나약한 지도자는 차라리 지도자가 아니라 팀 멤버로서 더 효율적일 수 있으며, 모든 사람이 다 지도자의 위치에 적합한 것은 아니지요. 팀에 균형을 찾아주고 힘이 없는 연결고리와 나폴레옹 같은 사람들을 피하세요. 팀 멤버들은 서로 역할을 바꿀 수도 있어야 하고, 과도한 저항이나 어려움 없이도 주어진 임무에 적응할 수 있어야 합니다.

: 내 인생의 아주 특별한 한 주일 (금요일)

오전 08:30 스코틀랜드 여행과 관련해서 애쉴리 쿠퍼와 통화함. 스코틀랜드는 골프가 탄생된 곳이라, 여기에 골프 코스를 만든다는 것은 의미 있는 일이다. 어머니 쪽이 스코틀랜드 출신이니까, 나 역시 여기에 뿌리가 있는 셈이다.

오전 09:00 올봄에 미국 예술상 (American Art Award) 공식 축하연이 휘트니 박물관 (Whitney Museum)에서 개최되는데, 여기서 연맹과 테리 런드그런(Terry Lundgren) 회장에게 공로상을 수여할 예정이므로 나도 이 연회에 참석할 것이라고 로나가 알려주다. 로나는 또 복사기를 다시 한 번 수리해서 지금은 작동이 잘 되고 있다고 보고함.

오전 09:30 그레너딘즈의 커누언 섬 프로젝트에 관해서 질 크레이머와 미팅이 잡혀있다. 또 하나의 아름다운 장소, 커우언 섬. 앨런, 제프, 에릭 등 나의 회계 팀이 들어와 회의를 함. 나는 투이 구엔(Thuy Nguen)에게 로스앤젤레스에서 있을 어프렌티스 촬영 스케줄 사본을 달라고 했다.

오전 10:00 5월 중순 라디오 시티 뮤직홀 (Radio City Music Hall)에서 열릴 예정인 NBC 프라임타임 리뷰 (Primetime Review)에 관해서 제프 주커와 이야기를 나눔. 이 날은 활력에 넘치는 우리 산업의 날이 될 것이다.

뉴저지 어틀랜틱 시티 (Atlantic City)에 있는 트럼프 타지 마할 (Trump Taj Mahal)의 흥행 스케줄을 검토함. 6월에는 안드레아 보첼리 (Andrea Bocelli)가 출연할 예정인데, 우리는 뉴욕시의 유명한 식당인 대니얼(Daniel)로 초빙해서 그에게 대한 경의의 표시로 정찬正餐을 가질 것이다.

나의 전용 조종사인 마이크 도노번에게 스코틀랜드 여행에 대해 이야기를 나누었는데, 미국으로 돌아오는 길에 슬로베니아에 사시는 장모님을 모셔오기로 결정함.

오전 11:00   NBC의 크레이그 플레티스(Craig Pletis), 그리고 잠시 후엔 짐 다우드가 전화를 걸어옴. GQ 잡지사가 5월 중에 인터뷰를 하자고 요청했다고 짐이 말하기에, 이를 수락하기로 결심함.

로나가 들어와 5월 말쯤 커누언 섬으로 가는 여행 계획을 확정지음.

소냐 탤리즈닉 변호사가 들어와 트럼프 월드 타워에 관한 몇몇 사안을 검토함. 나는 그녀에게 너무나도 환상적인 일본 식당 메구에서 식사를 한 적이 있느냐고 묻고, 꼭 한번 가보라고 말해줌.

오후 12:00   크리스 디바인에게 점심을 좀 보내달라고 부탁하고는 아침에 들어온 우편물 뭉치를 들여다 봄. 상당히 많은 초대장이 왔는데, 더러는 생면부지의 사람에게서 온 것들이다. 어쨌거나 사람들이 나를 원한다는 건 좋은 일이지.

조지 로스가 잠시 방문함. 우리는 애스프리(Asprey)에 대해

이야기했고, 뭣 땜에 그 유명한 쇼핑백 디자인을 바꾸었는지 의아하게 생각함. 티퍼니의 선물 백처럼 우아하면서도 누구나 금방 알아보는 쇼핑백이었는데 말이다. 마케팅에는 강력한 메시지가 담겨야 하는 법이고, 더구나 최고 수준의 브랜드인 경우는 더욱 그러할진대, 그것을 변경한다는 것은 실수일지도 모른다.

오후 01:00   제이슨 그린블랫이 내가 서명해줘야 할 몇 가지 서류를 가지고 들어옴. 우리는 커누언 섬 프로젝트와 관련한 몇몇 라이선싱 문제들을 토의했다.

오후 01:30   몇 가지 답신 전화를 하고 서류들을 검토함. 전화 소리도 어느 정도 익숙해지면 일종의 음악 소리처럼 들리고 익숙한 사무실 안의 웅얼거림으로 변한다. 매일 약간의 차이는 있지만 평균적으로 하루에 내 사무실로 걸려오는 전화가 400통을 기록했던 때도 있었다. 메시지가 남겨진 전화 수자를 보니 오늘은 좀 많았던 날인가보다.

오후 02:30   마크 버넷이 전화를 해서 받음. 아마도 6월에 로스앤젤레스에서 《어프렌티스》의 시즌 최종회(回)를 찍을 모양이다. 어찌 되었거나 나는 6월이면 다음 시즌을 찍기 위해 로스앤젤레스에 있어야 할 것이다.
매튜 칼라마리가 잠시 들러서 부동산 관련 브리핑을 해줌. 우리는 다가오는 야구 시즌에 대해 잠깐 얘기를 나누었다. 아는 사람이 많지는 않지만, 사실 나는 야구에도 소질이 있었다. 야구에 관해서는 항상 관심을 잃지 않았었는데, 조지 슈타인브레너는 그걸 잘 안다.

오후 03:00   로나에게 우편물과 서류들을 내가 비행기에 가져갈 수 있도록 잘 챙기라고 지시함. 플로리다 팜비치로 비행하는 도중 좀 더 일을 해야겠다. 주말

일정을 잠깐 검토한 다음, 회의를 하고 싶으니까 앨런 웨이슬
버그를 들어오게 하라고 조수인 투이 구엔에게 지시.

오후 03:25   키스 쉴러와 함께 사무실을 나옴. 에디 디애즈(Eddie Diaz)가
공항까지 운전을 해줌.

오후 04:00   네 시 정각에 비행기 바퀴가 접히고 우리는 뉴욕시를 떠나 내
전용 제트기로 팜비치로 향함. 나는 위대한 가수 엘튼 존을
위한 파티에서 호스트를 맡게 되며, 내일 밤 매-러-라고에서
열릴 그의 독창회에는 내가 청중석에 앉을 것이다.

21

경쟁, 속도에서 결판난다

에두르지 말고 곧바로 요점으로

불행하게도 나는 말하기 전에 미리 생각을 정리하지 않는 사람들과 대화를 하면서 마냥 듣고 있어야 하는 경우가 종종 있다. 그런 사람들이 두서없이 이야기를 질질 끌어나가는 동안 나는 스스로에게 묻는다: "이 사람이 요점을 말하기까지 도대체 얼마나 오래 기다려야 하는 거지? 호주까지 날아갔어도 충분히 갔을 시간인데, 이 양반 아직 이륙도 못했잖아?"

비즈니스란 '의식의 흐름'이나 된 듯 장황하게 지껄이는 걸 받아줄 데가 아니다. 여러분이 아무리 호화찬란하게 말한다고 생각하더라도 말이다. 무슨 일을 하든, 간결하고 신속하고 곧장 요점을 찔러주도록 하라. 간결하게 한다는 것은 예절바른 일이다. 그건 다른 사람들의 시간이 지니는 가치를 존중한다는 걸 보여준다. 끝도 없는 장광설長廣舌을 듣고 있어야 한다면, 대부분의 사람들은 어색하게 꿈틀거리며, 마음은 이미 콩밭에 가 있고, 진정으로 귀를 기울이는 경우도 거의 없다. 이야기가 구질구질 길어지는 사람들은 요점을 말하기는커녕, 듣는 사람들을 정나미 떨어지게 만들 뿐이다.

트럼프 부동산 브라질 (Trump Realty Brazil)은 아마도 라틴아메리카 최대 규모의 골프-주택 복합단지가 될 터인데, 이 프로젝트를 위해서 브라질의 기업가 리카르도 벨리노와 파트너십을 결성하기 전에, 나는 딱 3분 안

만약 당신이 내 명함의 뒷면에다 당신의 아이디어를 다 기록하지 못한다면,
당신은 명료한 아이디어를 갖지 않고 있는 것이다.

데이빗 벨라스코(David Belasco)

에 그의 아이디어를 설명해달라고 부탁했다. 그 때 나는 극도로 바빴고, 장황한 프리젠테이션을 들을 마음이 없었다. 그래서 나는 그가 거절할 것으로 예상했다. 헌데 리카르도는 나의 조건을 받아들였을 뿐 아니라, 주어진 3분 안에 너무나도 기막힌 프리젠테이션을 함으로써 나를 완전히 매료시켜버렸던 것이다. 지금 우리는 멋진 파트너가 되어 있다. 데드라인이 있을 때 사람들이 거기 맞춰 어떤 일을 할 수 있는지, 놀라울 따름이다.

여러분 스스로에게 데드라인을 설정하라. 5분 이내에 프리젠테이션을 하는 연습을 하고, 그 다음 3분으로 더 줄이라. 이보다 더 긴 것은 무조건 연설처럼 들린다. 절대적으로 필요한 것들은 모조리 잘라내고 편집을 하라. 여러분의 판촉 내용을 증류시켜 에선스(essence)만 남도록 한다면, 듣는 사람들은 고맙게 생각할 것이다. 그들에게 의구심이 생긴다면 여러분에게 질문을 할 것이다. 여러분이 원하는 게 바로 그것 아닌가!

질질 끄는 프리젠테이션, 요점과 관계도 없는 정보 — 그건 정크 메일 같은 것이다. 누구나 정크 메일은 싫어한다. 일이 바쁜 사람들에겐 특히 질색이다. 관련도 없는 것들을 추려가며 핵심을 보려는 사람은 아무도 없다. 말의 쓰레기 (verbal junk)를 선사하지 말고, 여러분의 말을 꼭 필요한 정보만으로 국한시키라.

→ 트럼프의 전용 제트기
[사진 제공 - 트럼프 재단]

비즈니스는 릴레이 경주다

│비즈니스는 릴레이 경주와 같다. 팀의 모든 구성원들은 빠르고, 집중하고, 서로서로 조화를 잘 이루어야 한다. 구성원 각자는 어떻게 달려야 하고 어떻게 배턴을 넘겨주어야 하는지 잘 알아야 한다. 어느 한 사람이라도 뒤처지는 일이 없어야지, 안 그러면 팀 전체가 손실을 입는다.

언젠가 아주 능력이 출중한 젊은이를 고용한 적이 있다. 그가 정말 훌륭한 직원이 되리라고 기대했다. 맙소사, 틀려도 얼마나 틀린 예상이었던가! 이 친구 뭐든지 설명을 하는 데 얼마나 뜸을 들이는지, 나는 그와 이야기하는 자체가 두려워지기 시작한 거다. 다른 건 제쳐두고 그는 너무나도 느렸다. 그래, 그 친구는 꼼꼼하고 성실하기 짝이 없었지만, 도무지 보조를 맞추지 못했다. 그리고 너무나도 많은 시간을 낭비했다. 이 친구가 환경에 적응하지 못하고 주위에 발걸음을 맞추지 못했으므로, 나는 결국 그를 내보내야 했다.

나의 협상 기술을 분석한 사람이 있는데, 그는 내가 다른 어떤 사람들보다 빨리 정곡正鵠을 찌르기 때문에 우위를 점한다고 결론지었다. 나의 상대방이 하고자 하는 말을 꾸며내고 있는 사이에 나는 책 한 권을 다 쓴다는 것이었다. 나는 곧바로 요점에 돌입한다. 왜냐하면 나는 말하기 전에 이미 마음속에 거래 내역을 다 그려놓고 있기 때문이다. 거래 내역을 안팎으로 샅샅이 다 알고 있다는 얘기다. 즉, 내가 무엇을 필요로 하는지, 무엇을 원하는지, 어떻게 진척시키고 싶은지, 어느 정도까지 주장하고 양보할 것인지 등을 정확하게 이해한다는 거다.

그런 능력을 하루아침에 습득한 것은 아니다. 몇 년을 두고 꾸준히 노력했었다. 일단 여러분의 생각을 편집하기 시작하면, 그 과정은 여러분 삶의 다른 영역으로 옮아간다. 그리고는 머지않아 메시지를 전달하는 것에서부터 편지나 이메일이나 보고서를 쓰는 것, 그리고 점심식사를 주문하는 것에 이르기까지 그야말로 모든 일에까지 그런 경향이 넘쳐흐르게 된다.

어프렌티스를 보면서 사실을 가장 간명하게 제시하는 경쟁자들이 얼마나 두드러지는지에 주목하라. 15~20초면 얼마든지 말할 수 있는 것을 5분에 걸쳐 설명한다면 어느 누가 듣고 싶겠는가? 나와 나의 고문단에게 장황한 연설은 바로 빨간 경고의 깃발이다. 우리에게 용장冗長한 대화를 나눌 여유는 없고, 우리는 신속하게 요점을 설명하지 못하는 사람들을 고용하지 않을 것이다.

TRUMP인생코치 ; 인생은 딱 한 번, 살아있을 때 실행

여러분 자신의 관심사와 듣는 사람들의 관심사를 파악하자. 그때그때 꼭 필요한 것에 여러분의 대화를 국한시키라. 분별 있게 처신하라.

■ 입을 열기 전에 무슨 말을 하고 싶은지 계획을 짜라.

■ 청중의 맘을 읽는 법을 배우라. 사람들이 흥미를 잃게 되면 분명 어떤 신호를 보내는 법이니, 청중들을 주의 깊게 살펴야 한다. 그들의 주의력이 흔들리기 시작하는 걸 보는 순간, 요점을 말하고 다음 주제로 재빨리 넘어가라.

주의하라

간단명료한 것은 중요하다. 하지만 무얼 말하는지 분명하지 않게 될 정도로 정보를 심하게 줄이면 안 된다. 의사소통에 있어서 뚜렷한 전달은 항상 가장 최우선 과제이다. 분명한 것과 짤막한 것이 공존하지 말란 법은 없다. 하지만 이 둘을 결합시키는 것은 많은 생각과 이를 마스터하기 위한 연습을 필요로 한다.

트럼프 씨, 물어볼 게 있어요
[트럼프 대학교 블로그를 방문한 사람들의 질문]

문問

국제연합 빌딩 보수 프로젝트에 관한 국회 청문회에서 당신이 증언하는 걸 읽었습니다. 이해하기 쉽게 간단하면서, 전문용어라든가 관리자들만이 쓰는 말 따위로 빠지는 일도 전혀 없더군요. 간단한 말로도 충분히 되는데 굳이 사람들이 전문용어를 쓰는 이유가 뭐라고 생각하십니까?

마음이 불안한 사람들이 종종 그러죠. 자기들이 중요하다든지, 자기들이 특별한 지식을 지니고 있음을 다른 사람들에게 인지시키려고 할 때, 말이 길어지는 겁니다. 저는 가능한 한 직접적인 방식으로 요점을 파고드는 것이 옳다고 믿습니다. 그게 모든 사람들의 시간도 절약하고, 또 정보를 축약縮約시켜 절대 오해받을 일이 없는 사운드바이트로 요약하는 방법도 가르쳐주거든요. 저는 비즈니스를 할 때 신속하게 움직입니다. 그래서 거드름을 피운다든지 내가 중요합네, 하고 떠벌릴 시간도 없고, 그럴 마음도, 필요도 없습니다. 헌데 이게 종종 예상을 뒤엎고 나를 난처하게 하는 경우도 있지요. 간결하다는 것은 훨씬 더 효율적인 일이지만 반드시 더 쉬운 일은 아닙니다.

가끔씩 저는 사람들에게 부탁합니다. "세 문장 이하로 마음에 가진 것을 적어보라"고. 그들이 말하려는 것을 확실하게 파악하도록 하자는 거죠. 말로 하든, 글로 하든, 당신의 생각을 압축한다는 것은 엄청난 능력입니다. 분주한 사람들은 사운드바이트로 일합니다. 그보다 더 길거나 복잡하면 무엇이든지 시간 낭비가 되거나 혼란을 불러올 수 있으니까요. 임직원들에게 말하는 경우든, 국회에서 말하는 경우든, 저는 간단하고 분명하게 말하는 것을 더 좋아합니다.

22

다다익선多多益善; 언제나 더 많이

끊임없이 자신을 능가하려고 애쓰라

스스로에게 동기를 부여하지 못하는 사람들이 많다. 그들은 스스로를 성공할 수 있는 포지션으로 움직이는 방법을 모르는 것이다. 성공이란 여러분의 태도에서 시작하는 것이라고 나는 확신한다. 여러분이 성공할 것이라는 것을 여러분 스스로 확신해야 하는 것이다. "그 어떤 것도 나를 막을 수는 없어,"라고 여러분 스스로 생각한다면, 다른 사람들도 그런 견해를 받아들일 것이다. 그러면 그들은 여러분을 지원하고, 여러분이 탄 마차 위로 함께 올라타고, 여러분의 성공에 공헌할 것이다. 스스로를 믿지 못하는 사람에겐 결코 주지 않을 도움을 여러분에게는 줄 것이다.

성공을 이룬다는 영감을 불러일으키는 자신만만하고 확신에 찬 태도를 보여야 한다. 여러분 자신의 내적內的인 과정부터 손을 보기 시작하자. 예컨대 여러분이 어떻게 매일을 맞아들이는지를 보자. 아침에 침대에서 나오기 전에 잠시 시간을 내 새로운 날을 환영하도록 하자. 어째서 오늘이 여러분의 미래를 위해 특별하고 소중한 날이 될 수 있는지를 생각하자. 스스로에게 커다란 목소리로 외쳐보자, "와, 멋진 날이다!" 어떻게 기막히게 훌륭한 일들을 해낼 것인지 생각해보자.

여러분의 마음 속으로 온갖 아이디어가 넘쳐흐를 때 여러분의 긍정적인

자기가 하는 일에 대해 열정을 가진 사람이라면,
결코 삶의 그 어떤 일에도 두려워하지 않는 법이다.

새뮤얼 골드윈(Samuel Goldwyn)

태도가 불러온 열정과 얼굴 위에 피어나는 미소를 느껴보자. 그게 여러분에게 얼마나 활력에 넘치는 느낌을 가져다주는지 깜짝 놀랄 것이다. 바로 그 에너지가 하루 종일 여러분을 인도할 것이며, 좀 더 행복하고 좀 더 생산적인 사람이 되도록 도와줄 것이다.

스스로에게 도전장을!

│나는 챌린지로 인해 번창한다. 다른 사람들이 불가능하다고 생각하는 일들을 함으로써 무성하게 번영한다. 나는 도전을 이용하여 스스로에게 동기를 부여한다. 나한테 가장 좋은 도전은 내 스스로 부과한 도전이다. 내 인생의 지금 이 시점에서 나는 어느 누구도 감명을 줄 필요는 없다. 그러나 여전히 내 스스로의 목표를 만족시키고 나를 들뜨게 만

∟, 국제연합 플라자에 위치한 트럼프 월드 타워 [사진 제공 – 트럼프 재단]

드는 일들에 참여할 필요는
있다.

　트럼프 타워가 마침내 완
공되고 엄청나게 떠들썩한
성공사례로 칭찬을 받게 된
이후로 나는 그것이 단지 시
작에 불과하다는 것을 알고
있었다. 나는 더 많은 것을
원했다. 더 커다란 규모의 프
로젝트에 손을 대어야만 했
다. 그래서 나는 국제연합 플
라자(United Nations Pla-
za)에다 트럼프 월드 타워
(Trump World Tower)를 지
었다. 이 72층짜리 마천루는
거주용 단지로는 세계 최대
를 자랑하며, 지구를 통틀어
서 마흔여덟째로 높은 빌딩
이다. 그것은 맨해턴 한가운
데 이스트 리버(East River)
를 끼고 솟은 숨 막히게 아름
다운 건물로서, 사람들이 두
고두고 이야기하는 대성공이
었다. 무엇보다도 이 건물은

└, 두바이 프로젝트의 예상도 [사진 제공 – 트럼프 재단]

여러분이 최선보다도 더 많은 것을 시도할 때 과연 무엇을 성취할 수 있는지를 보여주는 기념비로 우뚝 서있다.

나는 이제 U.A.E.의 수도이자 세계에서 가장 빠른 속도로 성장하고 있는 도시 중 하나인 두바이에다가 50층짜리 호텔을 건설할 계획이다. 이 장대壯大한 구조물은 두 개의 우아한 아취를 자랑하게 되는데, 이 아취들은 호텔의 맨 꼭대기에서 만나게 될 것이다. 이것은 중동 지역에서 내가 추진하는 최초의 벤처. 아, 나에게 최초인 것은 또 한 가지 더 있다 – 이 호텔이 인공의 섬에 지어질 것이란 사실이다.

여러분 자신과 경쟁하라. 단발성의 안타로 끝나는 깜짝 스타가 되어선 안된다. 성공을 거둔 다음엔 이미 성취한 것을 뛰어넘을 방도를 연구하라. 내가 무슨 일을 하든, 나는 언제나 그보다 더 크고 더 훌륭한 무엇인가를 할 수 있다고 항상 확신한다. 나는 새로운 고지高地를 점령하여 더 크고 더 나은 결과를 얻기 위해 항상 노력함으로써, 안일해지는 것을 피한다. 현 상황에 만족한다는 것은 여러분을 넘어뜨리고 여러분의 잠재력을 충분히 발휘하지 못하도록 방해할 수 있다.

나에게 *새터데이 나잇 라이브 (Saturday Night Live)*의 사회를 맡아달

ㄴ. 새터데이 나잇 라이브의 사회를 맡고 있는 도널드 트럼프 [사진 제공 – 트럼프 재단]

라는 부탁이 들어왔을 때, 내가 사람들에게 더 알려진다는 것은 전혀 필요 없는 일이었다. 난 이미 너무나도 유명해져 있었으니까. 그렇지만 그처럼 전설적인 쇼에 출연한다는 사실은 나에게 새롭고 완전히 색다른 챌린지를 의미하는 것이었다. 나는 비록 산전수전 다 겪은 방송인이 아니었지만, 그토록 신나는 기회, 멋진 사람들을 만날 수 있고 새로운 경험을 만끽할 수 있는 기회를 거절할 이유란 도무지 찾을 수 없었다. 그래서 어땠는가? 물론 나는 일생에 두 번 다시 오기 힘든 멋진 시간을 가졌다!

여러분도 아실지 모르겠지만, 1990년대 초에 나는 재정적으로 약간의 어려움에 봉착했다. 사실 나는 90억 달러라는 빚을 지고 있었다. 휴, 이 정도의 빚이면 대개의 사람들은 짓눌려서 으깨졌을 테지만, 나의 경우 이 난관은 다시 싸워서 이겨야겠다는 결심을 하게 만들었다. 나 자신을 돌아다보았다. 내 태도에 문제가 있는가? 나는 그 상황에 대해서 긍정적인 맘을 유지하겠노라고 결심했다. 사태가 좋은 방향으로 바뀌리라는 것을 나는 알았고, 결국 정말 내 생각대로 되었다.

그 난관을 헤쳐 나가는 데는 상당한 노력이 들었지만, 나는 해냈다. 나의 태도, 기꺼이 뼈가 으스러지도록 일하겠다는 각오, 그런 다짐이 나를 끝까지 이끌어주었다. 지금은 그 당시보다 훨씬 상황이 나아졌고, 내가 그 어려움을 빠져나왔을 때는 그 이전 어느 때보다도 훨씬 더 나은 인간이었다.

그런 고초를 겪으면서 내가 얻은 가장 중요한 교훈은 내가 압박과 곤경을 헤쳐 나갈 수 있다는 사실이었다. 그 당시 나의 친구들 중에도 많은 수가 목까지 빚에 잠겨 허덕이고 있었다. 더러는 파산을 해버려 더 이상 비즈니스를 영위할 수 없었다. 나의 경우 부채와 스트레스는 어마어마했으나, 난 결코 파산하지 않았다. 나는 결국 해답을 찾을 수가 있었으며, 내가 어떠한 곤경이라도 참고 견딜 수 있다는 사실을 배웠다. 여러 은행들한테 수십 억 달러의 빚을 지고, 그들이 한꺼번에 돈을 갚으라고 아우성을 치는 걸 봐야 비로소 압박이란 게 무엇인지 알 것이다.

TRUMP인생코치 ; 인생은 딱 한 번, 살아있을 때 실행

언제나 더 많은 것을 얻기 위해 노력하라. 여러분이 잡을 수 있는 기회는 얼마든지 있다는 것을 깨닫고 눈을 번쩍 뜨고 긴장해서 지켜보라.

■ 결코 만족하지 말라. 성과가 있다고 느긋하게 쉬지 말라. 더 많이 실행하고, 더 나은 사람이 되며, 더 많은 걸 베풀라. 무언가 성취했다고 해서 안일에 빠지는 것을 경계하라.

■ 여러분이 이룰 수 있는 것에 대해서 감사하고 흥분하는 기분으로 하루하루를 시작하라. 여러분이 세운 목표를 어떻게 이룰 것인지에 대해서 생각하라.

■ 여러분과 여러분의 비즈니스와 여러분의 인생을 개선시켜줄 도전을 찾으라.

■ 여러분이 성공하도록 도와준 사람들에겐 후하게 보답하라. 고마움을 전하고 적절한 대가를 주라. 절대로 그런 도움이 당연하다고 생각하지 말라. 여러분을 도운 사람들을 잘 보살피면, 그들은 다시 여러분을 보살필 것이다.

주의하라

│ 확신에 가득 차 자신감을 다른 사람들에게 투영하되, 너무 지나치면 안 된다. 여러분이 거만하다든지, 자만심에 넘친다든지, 지나치게 스스로에게 도취되어있는 것처럼 비쳐서는 안 될 일이다. 그런 속성이 있으면 사람들은 곧장 멀어지게 되고 여러분에게 정나미가 떨어지게 될 것이다.

23

페이스는 리더가 결정한다

일하는 템포는 스스로 찾을 것

사업을 경영한다는 것은 관현악단의 지휘자가 되는 것과도 같다. 어떤 조직이나 비즈니스를 이끌고 나갈 때, 여러분은 —마치 지휘자처럼— 책임을 지고 통제력을 발휘해야 한다. 여러분의 사람들이 얼마나 수행을 잘 하는가는 바로 여러분의 책임이다. 지시는 위에서 아래로 흘러내리고 여러분은 마에스트로(maestro)가 되는 것이다.

오케스트라가 연주를 할 때면 마에스트로가 템포를 유지한다. 이 관현악단의 멤버가 각자 자기 멋대로 속도를 정해서 신나는 대로 연주를 한다면 어떻게 될 것인지 상상이나 하겠는가. 엄청난 불협화음, 귀를 찢어놓는 혼란, 한 마디로 재앙이 될 터. 어떤 사업이 하나의 안정된 템포를 따라가지 않는다면, 그 또한 혼란을 낳을지 모른다.

나는 트럼프 재단을 이끄는 지휘자다. 내가 템포를 결정한다. 나의 조직에서 나는 속도를 아주 빠르게 잡는다 — 교향악단에서는 알레그로라고 부르는 빠르기다. 항상 모멘텀을 유지하기 위해서는 템포가 필수불가결임을 알기 때문에, 나는 템포를 예의 주시한다. 나는 조직에 대해 강력한 리더십을 제공하는데, 때때로 이것은 만만치 않을 수도 있고, 내가 원하는 바가 아닐 수도 있다. 그러나 이것이 나의 임무다. 나의 팀은 방향 제시가 필요할 때 나를 쳐다보고, 나를 본받으며, 내가 이끄는 대로 따라온다.

효율적인 리더는 각자의 템포를 개발하여 이를 유용하게 써먹는다. 여러분의 템포는 마치 끊임없이 시간을 맞춰주는 몸속의 메트로놈 같은 것이다. 그게 멈추었다간 큰일 난다 — 주변에서 온통 야단법석 난리가 터지는 한이 있어도 절대 멈추면 안 된다. 여러분을 위해 일하는 사람들은 여러분의 템포를 느끼고, 그 템포에 맞출 것이다. 그렇게 되면 모든 사람들은 함께 더 잘 일하고, 그 일을 더욱 즐길 것이다.

사람들이 종종 묻는다; "당신을 움직이게 만드는 건 뭐죠?" 나는 간단하게 답한다; "내가 정한 나의 템포죠. 그리고 그건 대단히 빠르지요." 우리는 누구나 각자 얼마나 빨리 움직이는가를 좌우하는 체내의 템포를 나름대로 지니고 있다. 그것은 빠뜨릴 수 없으며 우리를 타인들과 구분 짓는 우리의 한 부분이다. 어떤 사람들은 신중하고 관조적觀照的이며 사려 깊다. 그런가 하면 다른 사람들은 —나의 경우처럼— 눈이 팽팽 돌아갈 정도로 빠르다. 내가 생각하기엔 나의 속도가 나로 하여금 더 많은 것을 이룩할 수 있게 만드는 것 같다. 그것은 또 나와 함께 일하는 사람들에게 내 속도를 따라오도록 요구하기도 한다.

어느 정도의 경지에 들어가다

│ 여러분은 사람들이 "어느 경지에 들어가 있다,"(in the zone)고 말하는 것을 틀림없이 들은 적이 있을 것이다. 그러니까 이 말은 그들이 임무 수행의 일정한 단계에 이르러, 모든 것이 자연스럽고 수월하게, 마치 물 흐르듯 술술 이루어지는 것을 의미한다. 몸속의 무엇인가가 자리를 차지하여 그들을 말끔히 몰아가는 것이다. 그리고 그들은 최고의 기능을 수행한다.

내가 흥정을 할 때면, 나는 어느 정도 "경지境地에 들어가 있다." 모든 조각들이 선천적으로, 본능적으로, 모두 제자리를 찾아 들어가는 것 같고, 나는 무슨 말을 해야 할지, 언제 얼마나 강력하게 그 말을 해야 할지, 등을 정확히 알게 된다. 취해야 할 조치가 무엇인지, 또 다음 조치는 어떻게 진행되어야만 하는지, 알게 되는 것이다. 그럴 때면 나는 직감적으로 안다. 내 자신이 최고의 기능을 발휘하고 있다는 것을. 그건 마치 내가 그 일을 하기 위해 타고난 것 같은 느낌, 인생은 흥미진진하고 의기를 앙양昻揚시키는 것 같다는 느낌이며, 나는 그 느낌을 만끽하고 되풀이해서 느끼려고 노력한다.

대학에서 학기말 리포트를 작성할 때를 기억해보라. 시작하는 일부터가 거의 지옥이라고 느낄 때도 있었고, 그럴 때면 차분히 앉아서 실제로 글을 쓰는 것만 빼놓고는 상상할 수 있는 모든 짓을 하지 않았던가. 그러다가 더이상 빈둥댈 시간이 없게 되면 마침내 작업에 들어간다. 놀랍게도 무언가가 변화한다. 글 쓰는 것이 그다지 어렵지 않다는 것을 깨닫게 되면서 글이 물 흐르듯 솟아나오고, 드디어 여러분의 생각을 제대로 전달할 수 있게 된다. 그렇게 되면 그다지 고통을 받지 않고서 페이지를 채워나간다. 바로 여러분은 '어느 경지에 들어간' 것이다. 여러분은 그런 경지로 들어가 여러분의 템포와 흐름을 찾아냈던 것이다.

: 도널드 J. 트럼프

내가 거래를 성사시킬 때면, 나는 어느 정도 "경지境地에 들어가 있다."
템포는 나로 하여금 "난 질 수 없어"라고 느끼게 만드는 하나의 음악이다.

여러분의 템포가 너무 느리다고 생각되면, 아래의 힌트를 이용해서 속
도를 좀 올려보라.

■ 스스로의 모습을 한번 들여다보고, 어느 정도의 템포가 여러분에게 자연
스러운지 보자. 그렇게 찾은 속도를 인식하고 그것이 얼마나 여러분에게
어울리는지 깨닫자.

■ 여러분의 현재 템포가 만족스러운지, 아니면 속도를 올리든가 낮추어야
할 것인지를 결정하라. 현재의 템포를 변경할 경우 추가로 성취할 수 있
거나 좀 더 잘 수행할 수 있는 항목을 밝히라.

■ 이렇게 새로이 조정한 템포를 여러분과 함께 일하는 사람들에게 충격을
주지 않고서 보여줄 수 있는 방법을 연구해보라. 어쩌면 한꺼번에 템포를
바꾸는 것보다 단계적으로 변화시킬 수도 있지 않겠는가.

■ 여러분의 조직을 모니터하여 모든 사람들이 그 변화에 얼마나 잘 적응하
는지 알아내자. 장애가 있다면 그 원인을 찾아내어 해소하도록 노력하
라. 그런 다음 모든 사람들이 새 템포를 잘 따라오고 있을 때, 다시 한 번
템포를 변경할 수 있을 것인지 생각해보라.

24

과정보다 더 중요한 것은 결과

방법은 각자에게 맡기라

그 카피라이터는 책상에 멍하니 앉아서 창밖을 내다보고 있었다. 분주하게 보이려는 노력조차 전혀 하지 않는 그의 태도에 동료들은 미칠 것만 같았다. 그래서 그들은 사장에게 불평을 터뜨렸다. 사장이 그들에게 물었다; "흠, 그 친구가 얼마동안이나 그런 식으로 행동했지?" 그들의 답을 들은 사장은 이렇게 지시했다. "그 친구한테 커피, 점심, 아니면 그가 원하는 것이면 무엇이든지 가져다주고, 절대로 방해를 하지 않도록 하게들." 그의 동료들이 툴툴거리자, 사장이 설명했다; "저 친구는 전에도 몇 차례 이런 행동을 했었는데, 그 때마다 수백만 달러의 가치가 있는 아이디어를 만들어내었지. 그러니까 자네들 무슨 짓을 해도 좋네만, 절대로 저 친구만큼은 건드리지 마! 저 친구가 창조를 하도록 내버려 두라구!

인간은 제각기 다른 방식으로 일한다. 우린 모두 서로 다른 길을 택하고 각양각색의 방법을 채용한다. 어떤 이들은 끝도 없이 심사숙고를 하다가, 느닷없이 움직여 임무를 완수한다. 다른 이들은 즉각적으로 결정을 내리고는, 죽어라고 실행은 하지 않고 늑장을 부린다. 이랬거나 저랬거나 결과는 같은 경우가 많다. 그저 스타일의 차이인 것이다.

→ 건축중인 트럼프 월드 타워
꼭대기에 올라온 도널드 트럼프
[사진 제공 – 트럼프 재단]

　　　　　　　　　　　　　　내가 어떻게 일을 하는
지 사람들이 찬찬히 조사해본다면, 아마도 이런 보고서를 제출하리라;
"도널드 트럼프는 전화를 붙들고 통화하느라 대부분의 시간을 쓰고 있
다." 사실이다. 난 줄곧 전화를 붙들고 산다. 그게 내가 비즈니스를 하는
방식이다. 내가 보기엔 효과 만점이다. 그렇다고 내가 하루 종일 친구들
이랑 수다나 떠는 것은 아니다 ― 그게 아니라, 나는 전화로 거래를 만들
어내고 중요한 비즈니스를 영위하는 것이다. 내가 전화로 성취하는 것은
상당히 많다. 그것이 내 스타일이다. 내가 날이면 날마다 그저 전화 잡담
이나 하고 있노라고 말해도 좋다, 난 그런 것 상관 않는다. 나한테는 그
런 나의 방식이 너무나도 생산적이었으니까.

　나는 죽어라고 열심히 일하는 것은 개의치 않는다. 하지만 어리석게 일하
는 것은 도무지 그 이유를 알 수가 없다. 우둔하게 일하는 것은 충분히 노력
을 기울이지 않는다는 뜻이며, 최고의 효율로 실행하려는 노력을 안 한다는
의미다. 진정으로 노력을 하지 않는 것은 여러분 자신과 모든 동료들을 속
이는 짓이다. 예를 들어 실제로 최상의 업무 수행을 시도하려고 노력하는

184

것보다도, 그저 분주하게 보이려고 더 많은 노력을 기울이는 사람들이 있다. 이런 사람들의 접근법은 그야말로 어리석기 짝이 없다. 그들의 우두머리나 동료들이 머잖아 깨닫게 되기 때문이다. 그 따위 눈가림이 드러날 때 사람들은 여태껏 속은 것에 분통을 터뜨릴 것이다. 또 자기들이 이용당했다고 해서 개인적으로 받아들일 터인데, 그건 당연한 일이다. 그런 눈속임을 한 사람은 주위 동료들이나 회사 혹은 팀이야 어떻게 되든 전혀 개의치 않았음을 보여준 거니까 말이다.

내 습관을 검토해보자

|우린 모두 습관을 형성하고, 일정한 패턴에 빠져든다. 가장 높은 기준을 만족시키는 업무를 수행하려고 여러분이 꾸준히 노력한다면, 그것이 실제로 어떻게 성취할 것인가 하는 것보다도 더욱 중요하다. 여러분의 패턴은 항상 최상의 성과를 내려는 성실과 욕망에 기반을 두고 있을 터인데, 그것은 말할 나위 없이 좋은 접근법이다.

여러분의 습관을 검토하여, 반드시 그 습관이 여러분을 올바른 방향으로 이끌어 간다는 것을 확인하라. 여러분의 습관은 여러분의 야망이나 가치관과 일치하는가? 그것은 여러분이 원하는 결과를 초래하며, 또 적절한 방식으로 그런 결과를 만들어내고 있는가?

한 번은 이런 이야기를 들었다; 사람이나 사건을 보는 가장 깨끗한 방법은 개인적인 판단을 하지 않고서 그들을 보는 것이다 — 그러니까 "이건 옳다"든지 "저건 틀려먹었어" 같은 태도로 색안경을 끼고 보는 일 없이, 사실

: 도널드 J. 트럼프

개인적인 판단을 피하라. 사실을 맘대로 채색하지 말고 있는 그대로 보고 기록하라.

을 그대로 보고 기록한다는 것이다. 이것은 가장 순수한 의미의 저널리즘 접근법, 즉, 사적인 관점은 추호도 개입시키지 않는 보도 방식을 따르는 것이다. 판단을 배제한 접근은 성급한 결론을 내리거나 함축된 의미를 해석하는 일 없이 사실을 채취하고 보도한다. 이러한 접근법을 사용하자면 여러분은 조금 더 생각을 해야 할 필요가 있는 바, 그것은 좋은 일이 아닐 수 없다.

업무에 관해서건, 윤리나 정치에 관해서건, 절대로 여러분의 방식이 유일한 방식이라는 전제를 해서는 안 된다. 다양한 견해와 관습과 관점 등을 너그럽게 받아들이라. 우리 삶의 다양성을 고맙게 생각하고, 그처럼 여러 가지의 다른 배경이나 신념에 노출됨으로써 받는 혜택도 고맙게 생각하라. 시간을 넉넉히 갖고 다른 사람들의 관점을, 그러니까 어떻게 사람들이 느끼고 행동하는지, 그리고 왜 그렇게 하는지를 이해하도록 하라. 정보를 수집하고 이야기의 일부가 아닌 전체를 파악하여, 성급하게 결론을 내리거나 판단하지 말라.

결국 중요한 것은 결과이며, 나머지는 스타일이다. 토머스 에디슨도 말했다. 마지막 결과에 관해서 상당히 많은 것을 알게 된 것은, 무언가 성공적인 것을 발견하기 전의 과정에서 수천 가지의 실패를 봤기 때문이었다고.

인생은 딱 한 번, 살아있을 때 실행하자!

여러분의 업무습관을 개선시킬 수 있는 몇 가지 힌트를 제시하고자 한다.

■ 여러분이 가장 효과적으로 일하는 방식을 찾자. 아침에 더 효율적으로 일

하는가, 아니면 밤늦게 하는 게 더 효율적인가? 여러분의 습관이나, 패턴, 안일해지는 영역 등을 검토하라. 스스로 행동하는 양식을 객관적으로 이해하게 되도록 노력하라.

■ 어떠한 변화를 감행해야 할지를 찾아내자. 여러분의 습관, 패턴, 접근법 가운데 어떤 것이 여러분을 망설이게 만들고, 한 단계 더 높게 전진하려는 여러분의 발목을 잡는 건 아닌지? 만약 그렇다면, 여러분이 앞으로 나아갈 수 있도록 그런 요소들의 정체를 밝히고 교정矯正하라.

: 내 인생의 아주 특별한 한 주일 (토요일)

오늘 골프 게임은 아주 잘 풀렸다. 이럴 때면 항상 나의 기분은 어느 때보다도 더 좋아진다. (골프는 두뇌의 게임인지라, 내가 이 게임을 잘 하게 되면 기분이 더할 나위 없이 좋다.) 나는 코스를 미리 점검했고 모든 것이 완벽하게 준비되도록 만전을 기했다. 나는 또 연주회가 열릴 장소도 방문해서 제대로 되고 있는지 체크했다. 아주 중요한 행사인데 다들 준비가 제대로 되는 것 같았다.

무슨 말이 필요하겠는가? 엘튼 존이야 역사상 가장 위대한 엔터테이너 가운데 한 사람 아닌가? 그는 달랑 피아노 한 대만 갖다놓고서 두 시간 동안이나 노래를 불렀다. 그는 입추의 여지도 없이 꽉 들어찬 관중들을 완전히 매료魅了시켰다. 재능만 뛰어난 게 아니라 인간성 자체가 훌륭하다. 그를 나의 친구라고 부를 수 있다니 영광이 아니겠는가.

: 내 인생의 아주 특별한 한 주일 (일요일)

매-러-라고 단지團地를 둘러본 다음 한 차례 골프를 쳤다. 그런 다음 뉴욕으로 귀임. 아기가 태어나려면 아직 한 주일 더 기다려야 하지만, 그래도 마음이 안 놓였다. 내가 뉴욕으로 돌아오자마자 멜라니아가 조용히 말했다, "아기가 나올 때가 되었나 봐요." 아내의 말이 농담은 아니란 걸 알 수 있었다. 우리는 병원으로 달려갔다.

25

예술작품 대하듯 일을 대하라

재기 발랄한 업무

파블로 피카소(Pablo Picasso)는 찬란한 예술가인 동시에 기막힌 비즈니스맨이었다. 그는 자신의 작품이 갖는 가치를 알았던 것이다. 그가 즐겨 이야기하는 에피소드가 있었다. 어떤 사람이 그의 스튜디오를 찾아와 어느 그림 앞에 떡 서서는 이렇게 물었다. "이 그림이 말하려는 게 뭐지요?" "20만 달러요." 피카소의 대답이었다. 피카소는 틀림없이 그의 예술을 하나의 비즈니스로 보았던 것인데, 사실이 그러했다.

사람들이 나를 피카소로 착각할 일은 절대로 없겠지만, 나는 일을 할 때 항상 예술가가 되려고 한다. 다시 말해서 나는 가장 높은 수준의 업무 성취를 시도한다는 뜻이다. 나는 내 비즈니스를 예술로 간주하기 때문이며, 또 그것이 사실이다. 여러분도 여러분이 하는 일을 바로 그렇게 바라보아야 할 것이다.

최상의 수준으로 업무를 수행하라, 그리고 여러분의 가치만큼 대가를 지불하라고 당당하게 요구하라. 여러분이 자랑스럽게 느낄 수 있고, 적극 지원할 수 있는 재화나 용역을 창조하라. 여러분의 비즈니스를 하나의 캔버스라고 생각하자. 줄기차게 탁월함을 추구하며, 그 이하인 것은 결코 수락하지 않음으로써, 장인匠人이 되도록 해야 한다. 여러분이 진정한 예술가로서 트럼프 타워를 건설할 당시 나는 로비에다 쓰고 싶었던 색상의 대리석을 정확히 구하려고 엄청나게 많은 시간을 써야했다. 수백 가지의 샘플을 검토한 다음, 마침내 브레치아 페르니케(Breccia Perniche)라는 대리석을 찾아냈다. 아주 희귀하고 상당히 값비싼 종류의 대리석이었다. 그 색상은 장미, 복숭아, 핑크가 오묘하게 섞여서 이루 말할 수 없이 완벽한 것으로 기가 막혔다.

나는 이 화려한 대리석을 보기 위해 직접 이탈리아에 있는 채석장까지 방문해서, 그 거대한 양의 공급물량을 전부 일일이 검사했다. 그러는 가운데 나는 브레치아 페르니케 대리석의 대부분에 하얀 점과 돌결이 있어서 그 아름다움을 해치고 있음을 알아챘다. 그럼에도 불구하고 나는 이 대리석을 사용하기로 결심했다. 그래서 우리는 가장 좋고 가장 흠이 없는 석판을 골라 표를 하고 전체의 60 퍼센트 정도에 해당하는 나머지들은 버렸다. 비용 면에서 효율적인 건 아니었지만, 그래도 그럴만한 가치가 있었다. 트럼프 타워의 로비는 정말로 하나의 예술작품이라 해도 과언이 아닌데, 바로 그 대리석이 주된 비결이었던 것이다. 정말 아름답다.

→ 트럼프 타워 내부의 에이트리엄
[사진 제공 – 트럼프 재단]

의 명성을 확고히 다질 때, 사람들은 여러분에게 구름처럼 모여들 것이다. 그들은 여러분을 알고 싶어서, 여러분과 친구가 되고 싶어서, 여러분과 거래를 하고 싶어서, 여러분의 문을 두드릴 것이다. 그뿐인가, 여러분은 정말 '기분 최고!'가 될 것이다.

예술가들은 자신의 이상과 기준을 위한 헌신, 그리고 한 치 오차도 없이 자기가 원하는 대로 예술작품을 만들기 위한 노력으로 잘 알려져 있다. 최근에 발견된 베토벤의 원고는 선을 긋거나 지운 부분, 변경한 부분 등으로 가득했고, 어떤 페이지는 덕분에 구멍이 나기도 했다고 한다. 그 원고는 베토벤이 작곡의 신출내기가 아니라 죽음에 가까워졌을 때 작업했던 것이었지만, 당시의 그는 여전히 최선의 것에 미치지 못하는 것은 결코 받아들이지 못하는 완벽주의자였다. 그는 자신을 제외하고는 그 누구도 감명을 주어야 할 필요가 없었지만, 그래도 그의 작품을 더 낫게 만들기 위해 끊임없이 손질을 했던 것이다.

너 자신을 능가하라

│이전에 여러분이 성취한 업적을 뛰어넘으려고 애써보자. 가장 많은 성공을 거둔 사업가들은 될 수 있는 최상이 되기 위해서 자기 자신과 경쟁한다. 다른 사람들과 경쟁을 한다는 것은 자기의 기준을 끌어내리는 짓임을 알기 때문이다.

여러분 나름대로의 비전을 가지고 그것을 끈덕지게 지키라. 피카소는 사물을 보는 자신만의 방식을 가졌던 것이 분명한데, 그것이 예술적으로나 재정적으로나 그에게 유리하게 작용했다. 독특해지는 것을 두려워 말라. 그것은 마치 가장 훌륭한 여러분 자아를 두려워하는 것에 다름 아니다.

비즈니스의 경우 협상이나 거래를 하는 일은 상당히 많은 준비 작업을 필요로 한다. 내가 그런 준비 작업을 하는 것을 사람들은 보지 못하지만, 그렇다고 내가 그렇게 하지 않는다는 의미는 아니다. 사람들이 트럼프 타워의 아름다운 대리석을 볼 때, 그들은 내가 바로 그 최후의 결과를 얻어내기 위해 어떤 노력을 기울였는지 전혀 알지 못한다. 마치 피카소가 위대한 예술을 창조해내기 위해서 어떤 고초를 겪었는지를 알지 못하는 거나 다름없다. 사람들은 대체로 예술이나 아름다움이 요구하는 피와 땀과 눈물에 대해선 전혀 개의하지 않는 법, 그들은 오로지 결과에만 신경을 쏟는다.

건축가로서의 내 작업은 장인다운 숙련과 예술을 결합한 것이다. 내가 그 이하의 것에 절대로 만족하지 않기 때문이다. 내가 나의 일을 예술로 본다고 말할 때, 나는 재료라든지 원하는 결과를 얻는 데 대하여 그 어떤 예술가에 못지않게 세심하고도 꼼꼼하다는 뜻이다. 믿어도 좋다. 만약 여러분도 그와 꼭 같이 한다면, 여러분의 수준이 얼마나 높게 개선되는지 아마 여러분 스스로 깜짝 놀랄 거라고 생각한다.

: 도널드 J. 트럼프

나는 트럼프라는 이름이 오로지 가장 수준 높고 품질이 뛰어난 프로젝트에만 붙을 수 있도록 만전을 기하고 노력해왔다. 각 분야의 최고가 아니면 나는 그 어떤 것도 하지 않을 것이다. 왜냐하면 사람들이 '트럼프'를 보거나 들을 때, 그들은 최상을 대하기 때문이다. 그것이 가장 기본적인 마케팅이며 훌륭한 비즈니스이다.

여러분의 기준을 높게 설정하고 그 기준에 도달하기 위해서 힘쓰자. 스스로를 신뢰하고 여러분 자신의 비전을 고수固守하라.

■ 여러분이 속한 분야에서 가장 탁월한 사람들을 연구하고, 그들로부터 배우라. 그들의 접근방법과 스타일을 검토하고 왜 그들이 독특한지를 확실히 인식하라.

■ 거장들로부터 여러분이 무엇을 얻을 수 있는지 밝혀내고 그것을 여러분의 작업에 도입하라. 그런 다음 그 위에 여러분 나름대로의 변화를 첨가해보라. 여러분 자신의 내부에 머물며, 다른 누군가의 가냘픈 모방에 그치지 말라.

■ 여러분의 단점을 인식하라. 더 많은 지식, 훈련, 경험을 필요로 하는 부분이 어디인지 배우라. 그리고 어디서 어떻게 그것을 얻을 수 있는지를 찾아내라.

■ 다른 분야로 뻗어나갈 수 있는지, 돌파구를 찾을 수 있는지 알아보고, 그런 것을 여러분의 업무에 이용할 수 있을 것인지 연구해보라.

주의하라

　│ 최종 결과를 무시하면서 일에 예술적으로 다가가는 것은 나쁜 비즈니스일지 모르겠다. 또 시시콜콜한 세부사항을 일일이 완벽하게 만드는 데 너무 지나치게 신경을 쓴다면, 그건 시간이나 비용 측면에서 비효율적일 수 있다. 예술을 하듯 일을 하라, 그러나 여러분의 시간, 노력, 비용 등을 모니터해야 한다. 손익계산서를 엉망으로 만들지 말고 적절한 균형을 찾으라.

　여러분이 시장의 요구를 뛰어넘었음에도 불구하고 정당한 가격을 받지 못하는 경우도 있을 수 있다. 그러나 장기적으로 보면 기준을 높이 설정하게 되면 득이 된다. 여러분이 어떤 비즈니스에 종사하고 있든 간에 그것은 항상 든든한 자산이 된다.

26

게임에 집중하라

주의를 기울이고 눈을 떼지 말 것

나는 문제의 해결이 나의 주된 일이라고 느끼는 경우가 종종 있다. 문제점이 전혀 없는 상황에서 탁월한 수행을 하는 사람들은 부지기수지만, 일단 문제가 생기면 이야기가 달라진다. 이 경우 그들은 문제를 해결하지 못하는데, 이거야말로 내가 생각하기엔 성공적인 비즈니스 경영의 열쇠인 것이다.

모든 비즈니스에는 문제가 생기게 마련이다. 만일 여러분이 영위하는 사업에 문제가 없다고 생각한다면, 여러분은 눈뜬장님이거나, 가장假裝을 하고 있거나, 부정否定을 위한 부정을 하고 있을 터. 또 아직 스스로의 사업을 운영하지 않고 있는 분도 많겠지만, 비즈니스를 시작하면 문제는 따라오게 된다. 그러니까 문제가 생길 것임을 예상하고 절대로 놀라지 말라.

아무리 신중하게 계획을 짜도, 아무리 예측을 잘 해도, 아무리 열심히 일을 해도, 문제란 생기는 법이다. 여하튼 우리의 통제 범위를 넘어서는 사건은 발생하게 되어있고, 상황은 생기게 되어있는 것이다. 게다가 그런 것은 아무런 예고도 없이 갑자기 생기는 법이다. 그것이 현실이요, 그것이 세상 돌아가는 법칙이다.

2001년 9월 11일 이른 아침; 햇빛이 찬란하고 아름다웠던 뉴욕시. 늦여름의 멋들어진 하루가 기약되는 날이었다. 그런데 비극의 재앙이 찾아온 것이었다. 불과 두 시간 안에 그 아침에 대한 우리의 느낌은 참담하게 바뀌고 말았다.

그래, 9-11은 극단적인 예이다. 그러나 내가 말하고자 하는 포인트를 여러분은 알 것이다. 문제는 순식간에 일어난다. 우리가 있을 수 있는 사태의 발전을 일일이 다 예측할 수는 없지만, 그래도 예측할 수 있는 것에 대해서라도 미리 계획을 한다면 도움이 될 것이다. 그리고 그 계획대로 실행을 한다면 아마도 노력 여하에 따라 여러분은 발생하게 될 손실을 피하거나 감소시킬 수도 있을 것이다.

책임을 지라

　　　| 여러분의 비즈니스에 주의를 기울이자; 정신을 게임에 집중하자. 여러분의 비즈니스를 두루 살피고 강점과 약점을 밝혀내라. 함께 일하는 사람들의 성과를 모니터하고, 누가 어떤 임무를 맡아야 하는지를 결정하라. 어떠한 문제가 존재하는지를 찾아내고, 앞으로 일어날 가능성이 많은 문제를 예측하라. 문제의 싹이 보일 때, 그것이 커져서 더 심각하고 처치 곤란한 이슈로 곪기 전에, 미리 잘라내 기선을 제압하라.

다른 말로 표현하자면, 책임을 지라는 얘기다. 책임을 떠안는 사람들은 다른 사람을 비난하거나 그들의 흠을 잡을 필요가 없다. 부정적인 말만 하는 사람들이 성과에 공헌하는 일은 거의 없다. 대개의 경우 그런 사람들은 알고 보면 별것 아니다.

지금껏 나는 비즈니스를 할 만큼 했기에 온갖 부침浮沈을 다 경험했다. 호화찬란한 승리도 만끽했고, 쓰라린 패배도 맛보았다. 나는 문제점들을 보는 것으로부터 해결책을 찾는 것으로 재빨리 움직이는 법도 배웠다. 문제 해결의 비법은 문제 그 자체보다도 해결에 더 강하게 방점傍點을 찍는 것이

흠을 잡을 게 아니라, 해결책을 찾으라.

헨리 포드(Henry Ford)

나한테 끊임없이 전화를 걸어서는 주위 모든 사람과 심지어 그들의 형제에 대해서까지도 불평을 털어놓던 사내가 있었다. 이 친구 이야기를 듣고 있노라면 온 세상이 그의 적이요, 자신은 단 한 번도 실수라곤 하지 않았던 것처럼 생각이 들 정도였다. 첫날부터 자신의 잘못은 단 하나도 없다는 식이었고, 모두 다른 사람들 탓이라는 것이었다. 사실을 말하자면, 그가 지닌 가장 커다란 맹점盲點은 바로 그 자신이었고, 말하자면 서글픈 일이지만, 그는 결국 완전히 패자가 되어버렸다. 자신의 가장 커다란 문제점, 즉, 자기 자신을 결코 정정하지 않았기 때문이다.

일이 잘못 되면 무엇보다도 먼저 여러분 자신을 들여다보라! 직감적으로 다른 사람들이나 상황을 탓하지 말라. 혹은 그걸 핑계 삼아 여러분의 엉덩이를 가리려 하지도 말라. 지도자가 되라 — 가슴을 곧게 펴고 당당히 서서 맞아야 할 것은 받아들이라. 여러분은 영광을 기꺼이 받아들이는가? 그렇다면 비난도 기꺼이 받아들이라.

완벽을 고집하라!

다 — 즉, 부정적인 것을 무시하지는 않되, 긍정적인 것을 강조하는 것이다.

또 직장에서 피고용인으로 일하고 있는, 혹은 가까운 장래에 독립할 계획을 세우고 있는 여러분을 위해서 이제 또 하나의 팁을 드리고자 한다. 값으로 따질 수 없는 '팀 플레이어'가 되는 법을 배우자. 여러분이 어프렌티스를 보셨다면 팀 멤버로서의 강력한 기술이 없는 사람들은 임무 수행도 시원찮 았음을 깨달았을지도 모르겠다. 이 쇼에 나오는 후보자들은 누구나 이기고 싶어 하지만, 경쟁의 가장 중요한 부분은 팀 내에서 임무를 잘 수행하는가 이다. 어떤 비즈니스이건, 어떤 계급에서건, 훌륭한 팀 플레이어가 된다는 것은 정말 중요하다. 팀 플레이어가 되면 반드시 그 대가가 있는 법이니, 그 렇게 되는 법을 완전히 숙지熟知하라.

나는 어프렌티스에 나오는 후보자들이 얼마나 빈번하게 말다툼을 하고 싸워대는지 보아왔는데, 참 불행한 일이다. 그것은 소중한 시간을 허비하 고, 짜증을 나게 만드는 일이며, 곤혹스럽고 창피한 일이 될 수도 있다. 그처 럼 영리하고 지극히 높은 자격을 지닌 젊은이들이, 종종 말할 수 없이 사소 한 문제를 놓고서, 다툼을 벌이는 걸 보고 있노라면, 그들이 헨리 포드의 충 고에 귀를 기울이지 않았구나, 하는 생각이 든다 — "서로 결점을 찾을 게 아니라, 해결책을 찾으라."

TRUMP인생코치 ; 인생은 딱 한 번, 살아있을 때 실행

여러분이 정신을 게임에 집중시킬 수 있게 하는 몇 가지 팁, 여기에 제 시한다.

■ 집중력을 흩뜨리는 모든 것들을 제거하고 하는 일에 전적으로 주의를 기 울이라. 사람들이 얼마나 쉽게 포커스를 잃고 충분히 주의를 기울이지 않 는지, 볼 때마다 나는 깜짝깜짝 놀랄 뿐이다. 일을 할 때는 무슨 일이 주 위에서 일어나고 있는지를 알고 있는 것이 여러분의 임무다.

■ 문제란 일어나게 마련이고, 그 중에도 더러는 여러분이 어떻게 해볼 도리가 없을 것임을 이해하자. 여러분이 컨트롤할 수 있는 문제에 집중하고, 다른 문제들은 해결해줄 수 있는 사람들을 찾으라.

■ 책임을 지고, 그저 다른 사람들을 비난하거나 몰아붙이지는 말라. 문제의 해결에 집중하라. 리더로서, 승리의 찬사를 받아들이는 것처럼, 문제와 실패의 책임도 깨끗이 받아들이라.

트럼프 씨, 물어볼 게 있어요
[트럼프 대학교 블로그를 방문한 사람들의 질문]

문

저는 비즈니스 상 수많은 의사결정을 합니다만, 종종 스스로에 대해 의구심이 생기고, 저의 선택이 불안스럽게 느껴집니다. 그래서 자주 꾸물거리고 연기하는 결과를 낳기도 하지요. 이러한 장애를 어떻게 극복할 수 있을까요?

DJT

의사결정을 하기 전에 스스로에게 의문을 제기하는 것은 좋은 일입니다. 가능한 한 모든 측면을 다 망라하여 철저하게 되도록 만전을 기하세요. 이러한 접근이 불안을 야기할 수 있다는 점을 이해하세요. 그건 자연스러운 일입니다. 하지만 어느 정도 경험이 쌓이면 당신의 본능 혹은 직관은 날카로워지고, 당신의 결정에 대한 자신감도 늘어날 겁니다. 경험은 자신감을 축적해주지만, 처음부터 철저하게 일을 한다면 불안감이 상당히 경감될 것입니다.

만약 계속해서 당신이 불안감을 느낀다면, 스스로에게 데드라인을 주어보십시오. 데드라인은 질서를 낳게 되니까요. 데드라인을 두면 당신은 좀 더 체계적으로 일하지 않을 수 없게 되고, 책임감을 느끼지 않을 수 없게 됩니다.

27

끈질기려면 용기가 필요하다

결코 멈추지 않는 스트레스

용기 — 그것은 흔히 오해를 받는 개념이다. 이 말을 들으면 대개의 사람들은 전쟁이라든지 지진이나, 홍수, 혹은 다른 자연재해 등과 같은 재앙이 터졌을 때의 영웅적 행동을 떠올리기 십상이다. 용기는 우리를 억누르는 어려움에 맞서는 슈퍼히어로 수준의 용맹과 범인凡人들의 능력 따위는 훨씬 뛰어넘는 탁월한 업적 등과 동일시된다.

하지만 나는 용기라는 이 단어를 좀 다르게 본다. 그렇다, 영웅적인 행위에도 그 말은 적용되지만, 또한 여러 해를 넘기며 날이면 날마다 꾸준히 일하는 것, 낙담하지 않고, 지치지도 않고, 쓰디쓴 원한도 품지 않고서 일하는 것을 의미할 수도 있다. 용기는 끈질기게 밀고 나가는 것, 멈추지 않고 계속하는 것, 그리고 끊임없이 최선을 다하는 것을 의미하는 것이다.

용기는 두려움의 부재不在가 아니다. 그것은 두려움을 극복하는 것이다. 어떤 사람들이 자신만만하게 보인다고 해서, 그들에게 두려움이 없다는 의미는 아니다. 위대한 연예인들 중에는 무대공포증을 겪으면서 이를 극복하기 위해 치열하게 피땀을 흘려야 하는 사람들도 많다. 어떤 경우엔 공포심이 전혀 사라지지 않는데, 그래도 이들은 여전히 탁월한 연기나 연주를 한다. 그들은 두려움을 뚫고서 노력하여 끈질기게 일하고 난관을 극복한다.

용기란 곤경에 처해서도 우아함을 잃지 않는 것이다.

어니스트 헤밍웨이(Ernest Hemingway)

•

자신이 어떻게 느끼든 상관없이 무대에 올라 연기를 하는 것이 자기의 임무라는 것을 그들은 알기 때문이다. 스타가 되기 위해서, 성공을 하기 위해서, 재능 하나만으로는 불충분하다. 성공은 노력 없이 불가능하고 용기를 필요로 한다.

비즈니스, 결코 끝나지 않는다

| 비즈니스는 결코 끝나지 않는다. 그것은 끊임없이 앞으로 나아간다 — 이미 이룩한 성공에 만족하거나 안이安易해질 수는 없다. 만일 여러분이 멈추거나 해이해지면, 장사에서 밀려날지도 모른다. 누군가가 하시라도 여러분의 자리를 대신하고 싶어 안달이니까 말이다. 생존하고 싶은가? 여러분은 단호하고 끈기 있게 장기적으로 대비를 해야 한다. 설사 불리한 조건이 첩첩이 쌓여있다 하더라도. 용기가 필요한 것은 바로 이 시점이다.

사람들은 내가 매일같이 12시간씩 근무한다는 걸 알고는 깜짝 놀란다. 하지만 나한테는 그것이 예외가 아니라 표준이다. 성공적인 삶을 유지하려면 나는 끈기 있게 열심히 일해야 한다. 내가 그렇게 늦게까지 일하는 이유는 모든 일을 완수하기 위함이다. 여러분이 보통 주당 40시간을 일한다고 가정하자. 이때 여러분이 두어 주에 걸쳐 매주 추가로 20시간을 더 일하게 되면, 그로 인해 얼마나 많은 일을 성취할 수 있는지 아마도 여러분도 상당히 놀라게 될 것이다. 생산적인 사람들이 더 많은 것을 이룩하는 데는 이유가 있다

— 그들은 더 오래 더 열심히 일하기 때문이다.

미켈란젤로는 자기의 예술을 위해서라면 극단적인 데까지 달려가는 것도 마다 않는 끈질긴 천재였다. 그랬던 그가 이룩한 결과는? 장관壯觀이었다! 메디치(Medici) 가문, 몇 명의 교황들, 아귀다툼을 벌이는 족벌들, 게다가 예술작품을 불태워버린 것으로 유명한 지롤라모 사보나롤라(Girolamo Savonarola) 등과 힘겹게 상대해야만 했던 그 혼란스런 역사적 기간의 한가운데에서, 미켈란젤로가 성공을 하기 위해서는 용기를 갖지 않으면 안 되었다. 그는 끔찍스럽게도 어려운 상황에서 작업을 하기 일쑤였으며, 바라는 것도 많고 전제적이고 비합리적인 사람들 밑에서 일하는 경우도 허다했다. 그렇지만 그는 한결같이 장엄한 예술을 창조해냈던 것이다. 그와 같은 '높이'를 이룩한다는 것은 그의 재능만큼이나 커다란 인내와 용기를 필요로 했다. 우리가 그 이름을 아는 16세기의 인물은 거의 없지만, 미켈란젤로에 대해서만은 우리들 거의 모두가 알고 있다. 바로 그것이 진정한 지구력持久力이 아니겠는가.

어프렌티스에 나오는 경쟁자들은 용감하다. 그들은 여러 번의 인터뷰, 오디션, 열띤 경쟁 등을 헤치고 살아남아야 했다. 매년 백만이 넘는 숫자의 사람들이 이 쇼에 출연하기 위해 경쟁을 벌인다. 이러한 어려움에도 불구하고 선발된 경쟁자들은 불굴의 의지를 보여야 한다. 이것은 이 쇼에 나오는 사람치고 패배자는 하나도 없음을 보여주는 사실이다. 이 프로그램에 나온 사람이라면 누구나 승자였다.

어느 누구도 거부당하는 것을 원하지는 않을 테고, 특히 수백만 명의 시청자들 앞에서 당하는 건 참을 수 없을 것이다. 따라서 어프렌티스 프로그램의 경쟁자가 된다는 것은 배짱과 진정한 용기를 필요로 하는 것이라, 그런 점에서 나는 참가자 모두를 굳게 신뢰한다. 나는 그들이 나의 '어프렌티스'

로 선택되든, 그렇지 못하든, 모두가 성공할 것이라고 믿어 의심치 않는다.

나는 사람들이 더 많은 것을 수행할 수 있는데도 잠재력을 충분히 발휘하지 못한다고 느끼면, 그들에게 혹독하게 대할 수도 있다. 그들의 능력에 대해서 그들 자신보다도 내가 더 믿음을 갖는지도 모르겠다. 달리 말하면 내가 그들을 분기奮起하도록 만드는 촉매觸媒인지도 모르겠다.

연설을 해달라는 부탁을 들어줄 수 없었던 경우가 있었는데, 그 때 마침 젊은 임원 한 명이 거기 있었다. 내가 그에게 나 대신 연설을 해줄 수 없겠느냐고 물었을 때, 그는 이렇게 말했다. "어, 저는 대중 앞에서 연설을 하지 않습니다." 그래서 내가 대답했다. "이젠 하게 될 것이네!" 그랬더니 무슨 일이 생겼을까? 내 말대로 그는 연설을 했고, 그건 엄청난 성공이었다. 지금 그 젊은이는 능숙한 연설가로 활약하고 있다. 그가 필요로 했던 것은 단지 옆구리를 한번 찔러주며 격려하는 ―혹은 좀 더 세게 밀어주는― 것이었다. 나는 발로 뛰며 생각하는 ―혹은 발로 뛰며 말하는― 사람들이 필요한데, 그런 사람들을 얻는 한 가지 방법이 바로 넌지시 옆구리를 찔러주는 것이다.

TRUMP인생코치 ; 인생은 딱 한 번, 살아있을 때 실행

아래의 힌트를 따라 함으로써 여러분 스스로에게 좀 더 용감해질 것을 가르치라.

■ 여러분의 목표를 밝히자. 여러분이 성취하고 싶은게 무엇인지 정확하게 알고, 그 다음 성공을 위한 최상의 방도를 계획하라.

■ 장애물을 만나더라도 단호한 마음으로 계속 전진하라. 성공을 이룩하기 위해서 끈기는 필수적인 요소.

■ 두려움이 있으면 외면하지 말라. 여러분의 두려움이 현실이라면, 그것을 극복할 방안을 찾아야 한다. 좀 더 훈련을 받고, 경험을 더 쌓고, 더 많은 시간을 들여 더 열심히 일하라.

28

탐험가 클럽에 가입하라

인생의 신비를 배우자

에머슨(Emerson)이 말했다. "이미 나 있는 길이 이끄는 데로 가지 말라. 오히려 길이 없는 데로 감으로써 발자취를 남기라." 나는 그 충고를 따랐고, 또 같은 충고를 해왔다. 다른 누군가의 행로를 따라감으로써 성공할 수는 없을 것이다. 그러니까 시간을 갖고 자기 자신의 길과 자신의 목적에 대해 집중하자. 훈련용 자전거에서 내려오라.

나는 항상 바쁘다. 하지만 매일 아침저녁으로 따로 조용한 시간을 갖도록 하고 있다. 내 마음의 평정平靜을 유지하고 내 자신의 길에 포커스를 맞추기 위해서 그런 시간이 필요하다. 그것은 나의 배터리를 재충전해주고 긴장을 풀게 하며 나의 주된 목표에 다시 집중하는 것을 도와준다. 나는 어떤 것이든 부정적이거나 손해를 끼치는 일에 의해서 흔들리기 싫다.

삶이란 우리를 도와 배우고 성장하게 만드는 발견의 연속이다. 알버트 아인슈타인(Albert Einstein)은 이렇게 보았다: "새로운 아이디어를 향해 활짝 열린 마음은 결코 원래의 크기로 돌아가지 않는 법이다." 나도 같은 생각이다. 아이들이 일단 걸음마를 배운 다음엔, 다시 예전으로 돌아가 기어 다니는 걸 원하지 않는 것이다. 아이들은 벌떡 일어나 꿋꿋이 서서 앞으로 걸어 나가고 싶은 것이다. 우리는 계속 앞으로 나아가고, 최선을 다하고, 우리의 잠재력을 모두 활용한다는 책임을 우리 스스로에게 지고 있다.

　이것을 모두 파헤치고 들어가면 마지막은 사실 간단하다. 우리가 해야 할 일이라고는 그저 주어진 재주나 능력과 '통通하는' 것뿐이니까. 그게 수월하다고 말하는 건 아니다. 간단하다는 얘기다. 장애물은 얼마든지 많이 있고, 걸을 수 있기 전에 우리는 무수히 넘어지기도 할 것이다. 또한 쓸데없는 일에 너무나 마음이 산만해져 '통하는' 것조차 안 되는 경우도 흔하다. 우리는 온갖 정보의 공세와 집요한 요구의 공세에 끊임없이 시달리고 있으

ㄴ 뉴욕시에 있는 자신의 아파트에서 포즈를 취한 도널드 트럼프
[사진 제공 – 트럼프 재단]

므로, 우리 자신의 생각을 청취하고 우리가 계속 접하는 정보의 홍수를 이해할 수 있는 조용한 시간을 갖는다는 것은 참으로 어려운 일이 아닐 수 없다. 우리는 다시 플러그를 꽂기 전에 일단 플러그를 빼야만 한다.

스스로 생각하라

| 스스로 생각하지 않을 때, 문제가 발생한다. 사실 인간들이 스스로 생각하기를 멈추고 잘못된 어떤 개인을 추종했을 때, 역사상 가장 암울한 시대가 태어났다. 그러한 시대에 독재자가 생겨났고, 대학살이 행해졌으며, 잔인하고 비인간적인 행동이 저질러졌다.

여러분에게 내재內在한 본질적 가치(intrinsic value)를 ─즉, 여러분이 진정으로 원하는 것, 얻기 위해서 기꺼이 피땀을 흘릴 것을─ 찾아내라. 그 본질적 가치는 여러분에게 힘과, 결의와, 튼튼한 나침반을 제공할 것이다. 큰 그림을 보라. 트럼프 식의 스케일로 생각하라. 일생을 바쳐 정말 무엇을 하고 싶은지를 찾아내어서, 박차고 나아가 그것을 성취하라.

나에게 인생이란 결국 발견이다. 일찍이 몰랐던 것을 배울 때 나는 최고의 기분이 된다. 물론 나는 현실에 근거를 둔 비즈니스 분야에서 일하고 있지만, 삶의 신비에 대해서 깊은 존경심을 가지고 있다. 그 신비가 나로 하여금 흥미진진한 보물찾기에 나선 탐험가처럼 느끼게 만들기 때문이다. 그것은 나의 타고난 호기심을 높여주며, 끊임없이 질문을 던지게 만들고, 더 많

: 도널드 J. 트럼프

여러분 자신의 길을 추구하라.
그 길만이 여러분이 있고자 하는 곳으로 여러분을 데려갈 것이니까.

은 것을 배우고 싶도록 만들기 때문이다. 그 결과 나는 놀라운 인간들과 만나게 되고, 나의 인생은 새로운 이해와, 직관과, 지식으로 인해 끊임없이 풍요로워지는 것이다. 자기 자신의 시야를 좁히지 말고, 스스로를 제약하지 말라. 손을 뻗어, 추구하고, 탐험하라.

어프렌티스는 나에게 새로운 도전이었으며 발견이었다. 이 TV 쇼는 내 몸속에 있던 교육자의 기질을 일깨웠다. 내가 얼마나 가르치는 것을 즐기는지, 사람들이 발전하고 성장하는 걸 보는 게 얼마나 기쁜 일인지, 그 쇼가 보여주었다. 이 프로그램의 출연자들이 새로운 경험을 해가면서 매주 더 많은 것들을 발견하는 모습을 지켜보는 일은 정말 짜릿한 기분이었다.

트럼프 대학교는 어프렌티스의 자연스러운 연속이었고, 덕택에 나는 훨씬 더 큰 규모로 교육을 할 수 있는 기회를 얻고 있다. 두 가지 모두 신나는 발견의 경험이었고, 그로 인해 나는 한층 더 갈증을 느낀다. 다음엔 또 어떤 일에 내가 참여하게 될 것인가? 생각만 해도 마음이 설렌다.

여러분의 목표를 찾는 데는 약간의 시간이 필요할지 모른다. 어쩌면 여러분의 인생 전체가 필요할지도 모른다. 여러분이 다섯 살이 되었을 때 이미 그 목표를 찾았을 수도 있고, 지금 현재도 그걸 정의하느라 애쓰고 있을지 모른다. 우리는 모두 동일하지 않고, 각기 다른 우선순위를 가지고 있기 때문에, 우리는 각자의 페이스대로 움직여야만 한다. 계속하여 탐구하고, 배우고, 발견하고, 전진하는 것을 최우선 과제로 삼으라. 바로 그것이 성공하는 인생을 위한 최고의 레시피(recipe)이니까.

: 내 인생의 아주 특별한 한 주일_ 아기가 태어났다! (월요일)

2006년 3월 20일 이른 아침, 우리의 귀여운 사내아기가 태어나다. 이루 말할 수 없이 황홀한 기분이다! 우리는 녀석에게 배런 윌리엄 트럼프(Barron William Trump)라는 이름을 선사했다. 나는 이날 아침 돈 아이머스(Don Imus)의 라디오 쇼에 게스트로 출연하기로 되어 있었는데, 그걸 까맣게 잊어먹고 있었다. 상황이 상황이니만큼 이해할 만한 일이잖은가! 그러나 그 상황을 알 길 없는 돈은 내가 나타나지 않은 것이 영 불쾌했던 모양이다. 이 양반 화가 잔뜩 났다는 소식을 로나가 전해주었다. 나는 그에게 전화를 걸었고, 처음으로 내 아들의 탄생을 공식적으로 알리는 계기가 되었다. 돈은 이미 여러 해 동안 나와 절친한 친구였기에, 그의 쇼에서 발표를 하게 되어 기뻤다.

→ 피플(People) 지 카버에 나온 트럼프 부부
[사진 제공 – 트럼프 재단]

: 내 인생의 아주 특별한 한 주일_ 아기가 태어났다! (화요일)

회사에서 일상 업무를 계속함. 나는 또 *래리 킹 (Larry King)* 라이브 쇼에 전화로 참여하기로 되어 있었다. 오늘의 쇼에는 특히 경축 분위기가 역력했고, 갓난아기에게 쏟아진 선물은 헤아릴 수 없이 많았다. 엘런 드제너리즈가 보내온 유모차도 거기 포함되어 있었는데, 샹들리에가 붙박이로 달려있었다!

선물과 카드를 보내준 모든 이들에게 감사를 드리고 싶다. 친절하게도 카드를 보내주신 팬들도 많았는데, 그들 모두에게 일일이 고마움을 표시하기란 불가능할 것이다.

→ 엘런 드제너리즈가 배런 트럼프에게 선물한 유모차
[사진 제공 – 트럼프 재단]

오전 08:30   전화를 몇 통 받기도 하고 걸기도 했음. 버니 다이어먼드, 질 크레이머, 앤디 와이스, 그리고 캐시 글로서 등과 회의를 함.

오전 09:45   멜라니어와 배런 윌리엄즈를 병원에서 집으로 데려왔다. 아이 방은 이미 준비되어 있고, 식구가 하나 늘어나니까 모든 것이 더 나아보이는 것 같다. 집에서 잠시 시간을 보낸 다음 사무실로 돌아가서...아, 그러니까, 지난 주 월-화-수요일 상황을 대충 훑어보았다. 여러분도 보시면 알 테지만, 이 회사를 움직인다는 것은 전혀 따분한 일이 아니다. 흠, 복사기까지도 수리가 다 되어있다. 모든 게 낙관적으로 보인다.

29

자신감은 자석과 같다

사람들이 꼬인다

여러분이 기회를 포착하는가, 아닌가에 영향을 미치는 요소는 많다. 내 생각으로는 무엇보다 자신감에서 대부분이 시작되는 것 같다. 스스로를 신뢰하는 것은 원하는 곳으로 여러분을 데려갈 수 있지만, 어정쩡한 태도는 성공의 찬스를 무너뜨린다.

여러분 스스로에 대해서 기분이 좋고 여러분의 재능과 능력에 대해 자신만만할 때는, 모든 것이 더 수월하고 더 재미있다. 다른 사람들도 반응을 보일 것이고, 여러분을 믿을 것이며, 여러분이 목표를 이루도록 도울 것이다. 여러분은 "세계의 정상에 올라와 있다"는 그런 느낌을 갖게 되며 또 그것이 주는 에너지를 이용하게 될 것이다.

절대로 어느 누구든지 —특히 여러분 자신이— 여러분의 자신감을 깎아내리도록 내버려두지 말라. 여러분이 하는 비즈니스를 전문가답게 속속들이 알아야 한다. 의심하고 불신하고 경쟁하는 자들이 여러분을 내팽개칠 수 없도록 언제나 충분히 준비가 되어있도록 하라. 사람들은 승자를 좋아하는 법; 여러분도 승자라는 이미지를 주라. 사람들은 승자를 알고, 승자와 거래하고, 승자와 친해지기를 원한다. 여러분의 자신감은 사람들의 의구심과 두려움을 바꾸어주고, 부정적 생각을 제거하며, 좀 더 큰 성공을 이룩하도록 여러분을 돕는다.

설사 여러분이 아직 상당한 성공을 누리지 못했다 하더라도, 계속 노력하여 여러분의 분야를 마스터하라. 전문가가 되고 권위자가 되라. 노력과 배움을 멈추지 말라. 배우면 배울수록 여러분은 더 많은 자신감을 얻게 되니까 말이다.

내가 처음 맨해턴에서 일을 시작했을 때, 그것은 내 고유의 영역이 아닌 새로운 영토로 들어서는 것이었으므로 나는 용감해야만 했다. 그야말로 나는 배울 게 너무나도 많은 '동네의 신참' 격이었다. 나는 미리 예습을 하고, 열심히 배우고, 신경을 곤두세워 무슨 일이 일어나고 있는지 지켜봤지만, 나는 여전히 길을 '닦고' 있는 형편이었으며, 그 모든 것을 이해하려고 애쓰는 정도였다.

내 스스로 자신 있게 보이지 못하면 아무도 나를 진지하게 받아들이지 않으리란 것을 나는 알고 있었다. 그 이후로도 나는 그러한 날카로움을 한 번도 잃지 않았다. 자신이 큰 물에 나와서 가장 크고, 가장 똑똑하고, 가장 훌륭한 사업가들과 경쟁하고 있음을 잘 알고 있었다. 내가 그들과 같은 수준에서 움직이려면, 나도 승리를 위해 필요한 것을 지니고 있음을 경쟁자들에게 보여주어야만 했다.

지금도 나는 그와 같은 식으로 느끼며, 바로 그런 자신감을 내비치려고 애쓴다. 애가 지금까지 그렇게 많은 것을 성취할 수 있었던 이유 중의 하나

: 도널드 J. 트럼프

자신감은 자석과 같은 것이어서, 사람들을 끌어당길 것이며,
여러분과 그들의 삶을 훨씬 더 즐거운 것으로 만들 것이다.

가 바로 그것이리라. 여러분이 지금 어디에 서있는가에 상관없이, 여러분도 꼭 같이 성공할 수 있다. 자기가 어디로 가고자 하는지를 알고, 준비하며, 스스로를 신뢰하라, 그러면 거기에 이를 것이다.

명민함을 보이라

진심으로 사업에서 성공하기를 원한다면, 매일 그렇게 될 수 있도록 노력해야 한다. 최고의 거물이 되는 것은 게으름뱅이의 몫이 아니다. 그렇게 노고勞苦를 하다보면, 놀라운 일이 생긴다 — 여러분의 전문 분야에서 믿기 힘든 규모의 지식을 축적하고, 항상 올바른 결정만을 내리는 신비로운 능력이 생기는 것이다. 이 정도 수준에 이르는 것은 경이로운 성취이며, 그것이 바로 성공의 에센스이다. 성공을 이룩한 그토록 수많은 사람들이 결코 은퇴를 하지 않으려 하고, 그렇게 출중한 능력을 발휘할 수 있는 일을 멈추려 하지 않는 이유가 바로 그것이다. 돈이나, 명예나, 성공 이상으로, 전문가들이란 비즈니스의 통제를 포기하는 것이 끔찍이도 싫은 것이다. 그처럼 자기 분야에 정통하다는 사실이 그들을 특별하게 만들며, 다른 평범한 인간들과 구분 짓는다.

여러분의 비즈니스에 매일 땀을 흘리면, 또 그 무거운 짐을 지고 갈 힘과 스태미너가 생겨난다. 시간이 흐르면서 자신감이 얼마나 소중한지는 드러날 것이며, 여러분이나 마찬가지로 준비가 되어 있는 다른 사람들보다도 결정적으로 우위에 있도록 해줄 것이다.

TRUMP인생코치 ; 인 생 은 딱 한 번 , 살 아 있 을 때 실 행

어떻게 하면 자신감을 키울 수 있을까? 여기 몇 가지를 제안하고자 한다.

■ 여러분의 전문 분야에서 리더가 될 수 있도록, 그 분야를 충분히, 아주 세밀하게 배우라. 무엇을 하든 최고가 되라. 그것이 여러분의 비즈니스와 인생을 개선할 것이다.

■ 여러분이 최고라는 것을 행동을 보여주라. 하루하루가 여러분이 최고의 수준으로 비즈니스를 할 수 있음을 보여줄 수 있는 기회라고 생각하라!

30

계속 추진력을 발휘하자

그렇다고 통제력 상실은 곤란

어떤 거래를 성사시키고 있을 때, 여러분은 종종 굉장한 모멘텀 (momentum), 즉, 추진력을 얻게 된다. 퍼즐의 모든 조각이 깔끔하게 들어맞아 이음새도 없이 함께 큰 그림을 그린다. 여러분은 에너지에 가득하다는 느낌, 누구도 나를 정복할 수 없다는 느낌을 갖게 되고 모든 것이 수월하고 재미있는 것 같다. 하지만 그런 모멘텀은 여러분이 그릇된 안전감을 느끼도록 달콤하게 속일 수도 있다. 여러분이 그것을 유지하기 위해서 부지런히 노력하지 않으면, 그 모멘텀은 금방 사라져버리기 때문이다.

모멘텀

내가 모멘텀이라는 단어를 사용할 때, 그것은 여러분을 전진하도록 밀어주는 힘과 자극을 창조하는 에너지가 거세게 터져 나오는 것을 의미한다. 신속하게 일하는 것도 역시 나로 하여금 나의 페이스를 유지하고 강화할 스태미너를 구축하도록 도와준다.

모멘텀에 관해서 이해해야 할 첫 번째 일은 그것이 존재한다는 사실이다. 만약 모멘텀이 있다는 사실조차 여러분이 모른다면, 이 생명의 에너지를 어떻게 충분히 이용할 것인가? 그 힘을 인식하는 법을 배우라. 그리고 일단 인식을 할 수 있게 되면, 그 힘이 여러 분을 앞으로 밀어붙이게 맡겨두라. 그 힘을 이용하여 스스로를 추진하도록 하되, 진로에서 벗어나지 말라.

어마어마한 성공을 거둔 부동산 개발업자 중에 내가 존경하는 분이 있는데, 불행하게도 사업이 무섭게 곤두박질하고 있었다. 어떤 파티 석상에서 그를 만났을 때 내가 그에게 물었다. "이렇게 곤란한 형편을 야기한 게 무엇이었습니까?" 그러자 그가 말했다, "도널드, 난 모멘텀을 잃어버린 모양일세. 헌데 그걸 도무지 되찾을 수가 없단 말이야."

그의 이 대답은 나의 뇌리를 떠나지 않았고, 나에게 하나의 굉장한 교훈을 주었다. 나는 모멘텀에 대해서 연구하기 시작했고, 그것이 어떤 잠재력이 될 수 있는지를 알게 되었다. 그때 이후로 나는 계속해서 모멘텀이란 힘을 연구해 왔고, 또 그것을 내 인생과 비즈니스에 적용하고 있다. 나는 절대로 모멘텀을 잃어 넘어지고 싶지 않으며, 따라서 의식적으로 나의 모멘텀에 대해 생각을 한다. 그것을 모니터하고 그것이 계속 유지되도록 애를 쓴다.

타성惰性

| 타성이란 모멘텀의 정반대다. 그것은 우리를 저지沮止하고 옭아맨다. 타성이 시작되는 것을 느낄 때면, 가만있지 말고 그것과 싸워야 한다. 그것을 마치 부정적 생각인 것처럼 다루어, 그런 증상이 나타나자마자 뿌리를 뽑아버려야 한다. 타성이 여러분을 붙들어 매도록 내버려두지 말라. 그

: 도널드 J. 트럼프

나는 절대로 벽지壁紙가 되지는 않으리라 :
벽을 짓는 일을 할망정 벽에 찰싹 달라붙은 일은 하지 않을 것이다.

1980년대 후반 (1987년 9월 28일) 뉴스위크(Newsweek) 지에 실린 한 광고에는 내 사진이 이런 표제와 함께 나와 있다: "우리 삶에서 뉴스위크만큼 무모한 일은 많지 않다." 사람들이 나를 무모하다고 부르더라도 난 개의치 않는다. 그건 내가 용감하며, 에너지가 넘쳐흐르며, 주어진 일을 수행한다는 뜻이니까. 그러나 무모하다는 것은 또한 자제력이라곤 없이 행동한다는 뜻을 내포하기도 하는데, 이것은 전혀 나와는 다른 모습이다. 나는 자제력을 확고히 믿으며, 나의 모멘텀을 부지런히 모니터하고 통제하려고 노력한다. 그러므로 나는 자신이 무모하다고 생각하지는 않는다. 하지만 지나치게 소심한 것보다는 차라리 무모한 편을 택하겠다.

것을 떨쳐버리기란 여간 어려운 일이 아니니까 말이다.

사람들은 종종 스스로의 길을 방해함으로써 모멘텀을 상실한다. 내가 아는 어떤 사람은 언제나 재빨리 큼직하게 열 걸음을 앞으로 나아간 다음, 마치 무슨 고지를 이미 점령하기라도 한 듯, 그냥 주저앉아버렸다. 이렇게 그가 전진을 멈추고 한숨을 돌리는 사이 다른 누군가가 그를 따라잡곤 했던 것이다. 그런데도 이 사람은 꼭 같은 패턴을 따라가기만 했다. 그는 마치 계획을 실행에 옮겨놓고, 작동을 촉진하기 위해 잠시 동안 미친 듯이 일한 다음, 느긋하게 물러앉아서 언제까지나 소득이 흘러나오는 것을 지켜보기만 하면 되는 것처럼 행동했다. 그는 자신의 모멘텀을 이용하지 않고 그냥 멈추어버렸다. 그는 스스로의 타성에 발목이 잡힌 것이다.

에너지는 성취를 위한 열쇠다. 여러분의 에너지를 이용하라, 그러면 설정한 목적을 성취할 수 있는 능력을 얻을 것이다.

■ 여러분이 승세勝勢를 타고 있는 게 언제인지 감지할 수 있는 능력을 키우라. 그것은 통상 업무수행을 개선시키는 추가 에너지를 여러분이 가질 때 일어나는 현상이다.

■ 모멘텀이 여러분을 싣고 나아가도록 하라. 거기에 접속하여 모멘텀이란 힘을 느끼며, 그것이 여러분 자신을 휩쓸어 가도록 맡기라.

■ 모멘텀이 여러분을 이끌어 나가는 중에도 통제력을 잃지 말라. 위험이 없는지 주의하고 올바른 방향으로 계속 나아가도록 만전을 기하라.

트럼프 씨, 물어볼 게 있어요
[트럼프 대학교 블로그를 방문한 사람들의 질문]

문問

저는 50만 달러의 빚을 지고 있습니다. 사람들은 그냥 포기하고 파산선고를 하라고 충고합니다만, 기존의 부채만 제외한다면 비즈니스는 이득을 내고 있으며, 사실상 판매도 늘고 있습니다. 어쩔 수 없이 패배했다는 기분이 듭니다. 저의 포커스를 되찾으려면 어떻게 해야 할까요?

DJT

당신이 지닌 문제점에 대한 해결에 우선 집중하십시오. 문제점 그 자체에만 집착하다보면 당신의 모멘텀을 올바른 방향으로 움직일 수도 있는 기회를 놓쳐버릴지 모릅니다. 문제는 풀릴 수 있습니다. 문제가 생겼기 때문에 우리가 좀 더 크고 더 나은 상황으로 옮아가는 경우도 더러 있지요. 현실적이 되어야 하고, 낙관적인 마음을 잃지 마세요. 부정적인 마음가짐은 당신의 모멘텀을 얻을 수 있는 기회를 말살할 것입니다. 그 대신, 가능성에 초점을 맞추고 절대 포기하지 마십시오.

31

문제는 일시적 중단인가, 아니면 재앙인가

문제를 예상하고 계속 전진하라

부동산업에 첫발을 디뎠을 때 어떤 거래를 추진하고 있었는데, 당시 나는 있을 수 있는 모든 장애물을 뚫고 나왔다고 생각했다. 맙소사, 그게 얼마나 잘못된 생각이었던지! 하나의 문제를 겨우 해결했다고 생각하자마자 몇 가지 새로운 문제가 불거져 나오는 게 아닌가. 결국 그 거래를 완전히 성사시키기 위해서 나는 자질구레한 세부사항을 놓고 몇 달 동안 노심초사勞心焦思해야만 했다. 내가 무슨 어려움을 겪게 될 것인지를 애초부터 알고 있었더라면, 과연 내가 그 거래에 개입했었을까, 나도 잘 모르겠다. 그러나 돌이켜보면 내가 그 거래를 했다는 게 다행스럽다. 문제 투성이었던 그 프로젝트가 바로 뉴욕시 그랜드 하이엇 호텔 건립으로서, 나의 첫 번째 대성공인이었던 것이다. 나는 이 사업에서 박사 학위를 몇 개씩이나 획득하는 것과 다름없는 것을 얻었다.

역경을 어떻게 헤쳐 나가는가 하는 것은 우리가 어떤 인간인가 하는 것을 대변한다. 어떤 사람들을 파멸시키는 상황이건만 다른 사람들은 그런 상황으로 인해서 번성한다. 문제란 항상 생기게 마련이니까, 문제가 생길 때 어떻게 대처하는가를 아는 것이 가장 중요하다.

장애물을 만나면 많은 사람들은 충격을 받아, 온몸이 마비되고, 얼어붙는

다. 어찌 할 바를 모르기 때문에 아무런 대응도 못하거나 깊이 생각지 않고
서 충동적으로 반응함으로써 그릇된 결정을 내리기도 한다.

어려움이 생기면 나는 항상 이렇게 자문한다: "이게 일시적인 장애인가,
아니면 재앙인가? 대단찮은 골칫거리인가, 아니면 심각한 문제점인가?" 이
에 대한 답은 나의 집중을 돕고, 앞으로 나아갈 최선의 방책을 제시한다.

여기 문제점과 좌절에 대처하는 몇 가지 방안을 제시한다:

⁻ 한 걸음 뒤로 물러나 문제를 검토하자. 상황에 대해서 좀 더 객관적이
며 감정적이 아닌 그림을 그려보라. 좀 더 뚜렷하게 볼 수 있고 생각할 수 있
는 여유를 스스로에게 주라. 활짝 열린 마음으로 다양한 시각에서 문제를
평가하라, 그러면 대개 그 원인을 찾을 수 있다. 가정이란 종종 실수를 불러
오기 때문에 가정을 하지 않도록 노력하라.

⁻ 상황에 대처하라. 재빨리, 효과적으로, 적은 비용으로, 그리고 영구적
으로, 피해를 최소화할 수 있는 해결책을 모두 열거하라. 여러분이 가지고
있는 모든 옵션을 고려하고 평가해보라. "하나의 문이 닫히면, 다른 문이 열
린다."라는 명제를 항상 기억하라. 보통은 다른 대안이 있게 마련이지만, 그
것을 찾아내는 건 여러분의 몫이다. 많은 사람들이 활짝 열려있는 문을 보
고도, 그 중요성을 깨닫기는커녕, 그게 열려있다는 사실조차 모른다.

90억 달러의 빚을 걸머졌던 경험은 언제나 초점을 잃지 말 것과 모멘텀
을 유지할 것을 가르쳐주었다. 그건 정말이지 값비싼 교훈이었다! 그 아찔한
가격으로 나는 배우든가, 아니면 사업을 그만 두든가, 둘 중의 하나를 택해
야 했다. 그래서 나는 배웠다 ― 참으로 많은 것을.

나는 내 자신이 길을 잘못 들게끔 방치했었음을 깨달았다. 꽉 잡았던 손을 느슨하게 놓아버리고 내 컨트롤을 완화했던 것이다. 나는 초점을 잃었고, 눈 깜짝할 새 가장 끔찍스러운 악몽을 꾸게 되었던 것이다. 내가 나약하게 보이기 시작하자마자 모든 사람들이 우르르 덤벼들었다. 나는 그 모든 문제점으로부터 기어 나와 숨 돌릴 겨를이라도 찾아야 했다. 그래서 나는 기초로 돌아갔다. 나의 비즈니스에 초점을 확고히 맞추고, 도대체 무엇이 잘못되었는지를 찾았다. 나는 잠시 뒤로 물러나 나의 실수를 분석하고, 그 실수에서 교훈을 찾았으며, 그리하여 다시 앞으로 나아갈 수 있었다.

문제는 예상해야 한다

│ 나는 항상 문제가 있을 것을 예상한다. 할 만한 가치가 있는 일치고 문제에서 완전히 자유로운 일이란 거의 없다. 나는 가끔씩 내가 시지푸스(Sisyphus)와 같다고 느낀다. 영원히 바윗돌을 언덕 위쪽으로 밀어 올리도록 저주를 받은 시지푸스. 어깨로 둥근 돌을 밀며 나는 앞을 향해 계속 밀고 나아갈 뿐이다. 나는 포기하지 않는다. 나의 집중은 일사불란一絲不亂하고, 나를 튼튼하게 만든 까다로운 상황들로부터 많은 것을 배웠다.

여러분이 배워야 할 것은 또 있다 ─ 언제 포기해야 하고, 언제 전진해야 하는가이다. 이건 아주 미묘할 수 있다. 받아들이는 것과 체념하는 것 사이의 구분은 아주 미세한 경우가 종종 있기 때문이다. 누구를 막론하고 실수

: 도널드 J. 트럼프

현명한 사업가는 문제가 발생했을 때 이를 황금으로 탈바꿈시킨다.

를 범하게 되어 있으니까, 다른 사람들이 실패하더라도 이를 이해하도록 노력하자. 그들이 실패했다고 즉각적으로 그들을 버리면 안 된다. 여러분이 그런 입장에 있을 때 다른 사람들이 여러분에게 정당한 기회조차 주지 않고서 단념해버리면 좋겠는가? 물론 그 사람이 불한당이거나, 무능하거나, 절대로 변하지 않는다는 걸 알게 된다면야, 그 미세한 경계선도 널찍하게 커질 것이다. 그런 경우에는 그런 사람과의 관계를 끊어버리고, 여러분의 손실을 줄이며, 여러분의 인생에서 그를 제거해버려야 할 것이다.

인 생 은 딱 한 번 , 살 아 있 을 때 실 행 하 자 !

문제가 생겼을 때 어떻게 할 것인가? 여기 몇 가지 팁이 있다.

■ 어려움, 실수, 좌절 따위는 비즈니스와 인생의 불가피한 일부분이라는 것을 이해하자. 아무리 여러분이 철저히 계획하고 아무리 열심히 노력하더라도, 사태는 언제라도 변할 수 있으며 여러분은 거기 대응해야만 한다.

■ 골칫거리가 있을 때는 즉각 대처하는 것이 대체로 최상의 방책이다. 문제점이 그냥 없어지기를 바라는 것보다 그것이 비용 면에서도 통상 좀 더 효율적이다.

■ 문제로 인해서 넘어지지 않도록 하라. 충분히 시간을 갖고 문제의 원인을 확실히 짚고, 그런 다음 객관적이고 이성적으로 그것을 처리하라. 전문

가의 조언도 구하는 것이 좋다.

■ 각각의 상황으로부터 배우자. 하나씩 문제에 대처해 나가면서, 거기서 무엇을 배웠는지를 인지하라. 그래야 똑 같은 실수를 저지르지 않을 것이다. 같은 상황이 반복되는 경우가 종종 있으니까, 다음에 그 문제가 다시 발생할 때 여러분은 적절히 대처할 수 있게 준비가 되어있어야 한다.

32

비상하려면 내부로 손을 뻗으라

하지만 현실에 맞추어 손을 뻗으라

많은 것을 성취하는 사람들은 하나의 성공을 이룩한 다음에도 자신이 어떤 고지高地에 이르렀다고 느끼지 않는다. 그들은 생각한다, "이건 시작에 지나지 않아!" 성취하는 자들은 언제나 자신을 추진하는 모터를 지니고 있으며, 중립이나 후진後進 기어란 없다. 그들은 항상 다음 사업을 찾고 있으며, 항상 또 다른 목표나 모험거리를 추구하는 것이다. 이런 사람들의 열정은 꾸며낸 것이 아니다. 가슴 속 깊은 데서 우러나오는 열정이니까. 성취하는 자들은 도전으로 번창한다. 그리고 하나하나 거래가 있을 때마다, 자신을 뛰어넘고 더욱 많은 것을 성취할 수 있는 또 하나의 기회로 간주한다.

좀 더 고양된 자아를 발견하고 싶은가? 자신의 깊은 내면을 들여다보라 ─ 본질적인 자신을. 여러분이 진정으로 무엇을 원하는지, 정말 가치 있다고 생각하는 게 무엇인지, 또 그것을 얻기 위해서 얼마나 진력盡力할 각오가 되어있는지, 찾아내라. 그러면 여러분이란 인간을 구성하고 있는 게 무엇인지도 발견하게 될 것이다.

내가 90억 달러가 넘는 부채에 허덕이고 있던 어느 날 새벽 3시, 나는 시티뱅크(Citibank)로 소환되어 나에게 대출을 해주었던 일단의 국제금융 전문 은행가들과 컨퍼런스 콜을 하게 되었다. 장마라도 진 듯 비가 쏟아지는 밤이었는데, 나는 택시를 잡을 수 없었다. 그래서 나는 은행까지 15 블록을 터벅터벅 걸어야 했는데, 마치 단두대를 향해 철벅거리며 나아가는 듯한 기분이었다.

은행에 도착했을 때 나는 물에 빠진 생쥐 꼴이었다. 내 인생에서 타락할 대로 타락한 느낌이었다. 그냥 흰 타월을 내던지고 집으로 돌아와 보송보송 따뜻하고 편안한 침대 속으로 기어들고 싶었으나, 내면의 그 무엇인가가 말했다. "포기하지 마!"

그래서 나는 그 자리를 뜨지 않고 그들의 온갖 공격을 받아들이기 위해 단단히 마음의 준비를 했다. 전화회의가 진행되면서 나는 자신의 내부로 깊숙이 들어가 내가 무엇을 해야 할지, 마음을 집중시켰다. 나의 정수精髓가 흐르기 시작하고, 초점은 한결 날카로워졌으며, 나는 되받아치기 시작했다. 비에 흠뻑 젖고, 피곤에 절어, 그리고 빚은 목까지 가득 찬 상황에서, 나는 처절하게 버티면서 포기하지 않았다.

우리는 해결책을 만들어냈고, 그 나머지는, 흔한 표현을 빌자면, 역사가 되었던 것이다. 자, 여러분은 내가 하려는 말을 잘 알 것이다 — 절대로, 절대로, 포기하지 말라!

여러분의 가장 높은 자아는 끊임없이 자양분을 필요로 한다. 그래야만 그것은 자랄 수 있다. 여러분의 그 자아는 언제나 생산적이고 만족스러운 삶을 구축하도록 노력해야만 한다. 그런 삶은 여러분에게 가장 중요한 것들을 —반드시 돈을 의미하는 것만은 아닌 중요한 것들을— 풍성하게 담고 있다.

우리가 자신의 가장 높은 자아를 이해한다면, 그것은 우리가 좀 더 많은 비전을 가질 수 있도록 도울 수 있다. 불행하게도 '비전을 갖는다는 (visionary)' 이 말은 부정적인 이미지를 불러일으킬 지도 모르겠다. 공중누각空中樓閣을 짓는다든지 돈키호테처럼 비현실적인 꿈을 꾸는 사람들 말이다.

성취란 하나의 속박이다.
더 높은 성취를 이룩할 의무를 지우니까 말이다.

알베르 까뮈(Albert Camus)

하지만 현실적인 감을 놓치지만 않는다면, 공상가가 되는 것도 좋다. 비전을 갖는 사람들이야 말로 세상을 움직이고 새로운 차원을 창조한다. 기술 분야의 빌 게이츠(Bill Gates)라든가, 리앨리티 쇼 분야의 마크 버넷, 혹은 파블로 피카소, 이고르 스트라빈스키(Igor Stravinsky), 그 외의 위대한 예술가들을 보라. 그들은 각자 자신의 비전을 추구했고, 그렇게 세상을 비옥 肥沃하게 만들지 않았던가.

실수할 기회를 주라

　토머스 앨버 에디슨(Thomas Alva Edison)이 이룩했던 그 모든 업적에도 불구하고, 그는 새롭고 더 중요한 발명을 위해 끊임없이 추구했다. 이런 발명의 과정에 대한 그의 관점을 가장 잘 보여주는 것은 그의 이 말이다: "나는 실패한 적이 없었다. 나는 단지 성과가 없는 만 가지 방법을 발견했을 따름이다." 에디슨은 끊임없이 시도하는 태도의 가치를 알고 있었던 것이다. 그는 또한 시도하는 것이 있을 수도 있는 실수보다도 더 중요하다는 것도 이해했다. 실수를 피하는 가장 수월한 방법은 아예 시도하지 않는 것이니까 말이다.

그러나 실수란 전체 과정의 한 부분이다. 실수 없이는 배울 수가 없다. 그러니까 여러분 자신에게 실수할 기회를 주라. 그렇다고 실수할 때 엉성하거나 신중하지 않아도 좋다는 이야기는 아니다. 내가 말하려는 것은 시도하는 것, 어떻든 해보는 것이 중요하다는 것이다.

실수를 하면, 거기서 무언가를 배우라. 실수를 저지를 때마다 거기서 무슨 교훈을 얻었는지 스스로에게 물어보라. 그렇게 계속 배우다 보면, 목표에 점점 가까워질 것이다.

우리들의 목표는 딱히 종잡을 수 없을지 모른다. 무언가 굉장한 일이 일어날 것이라는 막연한 느낌 혹은 예감을 가질지는 모르지만, 그게 무엇인지는 정확히 파악할 수 없다. 그 시점에서 우리는 아예 그걸 지워버리거나 앞으로 나아가면서, 우리의 비전이 좀 더 또렷해지기를 바랄 수도 있다.

나는 멈추지 않고 일한다. 내가 다루어야 할 프로젝트에 나의 온갖 에너지를 집중시켰더니, 자주 올바른 해답이 찾아와주었다. 문제점들에 마음을 쓰지 않고, 나의 초점을 바꾸며, 압박을 줄인 것도 역시 해결책이 보이도록 도와주었다.

TRUMP인생코치 ; 인생은 딱 한 번, 살아있을 때 실행

■ 다른 사람들이 바라는 것이나, 여러분이 이렇게 저렇게 해야 한다는 그들의 말에 선뜻 동의하지 말라.

■ 자신의 느낌을 믿으라. 여러분이 내면에서 느끼는 감정은 과연 올바른 길이 무엇인지를 어떤 식으로든 말해주는 법이다. 그것은 여러분만이 지닌 경고 시스템이며, 가장 믿을만한 조언자이다. 그러니까 그 감정에 귀를 기울이라.

■ 까다로운 문제들을 함께 논의할 수 있는 믿을만한 고문들을 불러 모으라. 건전한 판단을 하고, 폭넓은 경험을 가지고 있으며, 다양한 재능을 가진 사람들, 그리고 여러분이 약점을 가지고 있을지 모르는 분야에 전문지식을 가지고 여러분을 진심으로 위하는 사람들을 선택하라.

■ 그런 조언자들의 충고를 심사숙고하되, 여러분 스스로의 결정을 내리라. 무엇이 여러분에게 올바른 길인지 여러분 이외의 누가 알겠는가. 그리고 여러분의 결정이 갖는 영향은 여러분만이 품고 살아야 할 것이다.

33

무기가 아니라 목표에 집중하라

가장 중요한 것에 포커스를 맞출 것

---

*어프렌티스*의 어떤 에피소드에서 내가 네 명의 참가자들을 해고하자, 시청자들은 충격을 받았다. 내가 이 극단적이면서도 전례 없는 조치를 취했던 것은, 주어진 판매 임무에서 그들이 기록한 성과가 끔찍했던 데다, 그들 중 누구의 성과가 가장 형편없었는지를 결정할 수가 없었기 때문이다. 그래서 네 친구들은 함께 택시를 잡아타고 집으로 돌아가야 했다.

그 에피소드에서 엑셀(Excel)이란 팀은 초점을 잃었다. 구성원들은 구매자들이 좋아할 멋진 프리젠테이션을 만들겠다고 상당한 시간을 소비했는데, 그게 너무 지나친 나머지, 갖고 있던 시간은 연습하는 데 몽땅 써버리고 실제로 구매는 하지 않았다. 물론 엑셀 팀은 인기를 끌긴 했다. 하지만 그게 무슨 소용이랴? 세일즈는 증가하지 않았고, 아니, 상점의 판매고는 오히려 떨어졌는데? 엑셀은 주어진 임무의 전반적인 목적을 망각함으로써 뒤처지고 말았던 것이다.

내실보다도 스타일?

내가 꼭 같은 근본적 실수를 얼마나 빈번하게 목격하는지, 놀랍지 않을 수 없다. 지극히 총명하고 능력 있는 사람들인데도, 장님

팀의 임무는 간단명료했다 — 스포츠 용품 상점에서 쌍방향(interactive) 판매 이벤트를 창조하는 것이었다. 가장 높은 판매고를 올리는 팀이 승리하게 되어 있었다. 엑셀 팀의 멤버들은 아주 정교한 타격연습용 이동식 네트를 만들어냈다. 손님들은 이에 감탄해 마지않았고, 그걸 한 번 이용해보려고 기다랗게 줄을 서서 기다렸다. 팀 멤버들은 투구投球 기계를 작동시키고 타격에 대해 이런저런 힌트를 주면서 핫도그와 레모네이드를 팔았다. 이들은 그 이벤트의 재미에 홀딱 빠진 나머지, 정작 상점의 물건을 팔아야 한다는 주된 목표는 잊어버리고 말았다.

한편 또 다른 팀인 캐피털 엣지 (Capital Edge)는 손님들과 함께 온 아이들을 위해 미니 퍼팅 그린을 만들었다. 부모들이 상점에서 쇼핑을 하는 동안, 아이들은 퍼팅 그린에 푹 빠져 있었다. 엑셀 팀이 점내店內 판매고를 34퍼센트나 감소시킨 반면, 캐피털 엣지는 74퍼센트나 끌어올렸다. 엑셀의 판매 감소는 어프렌티스 사상 최고의 손실이었다. 캐피털 엣지의 승리는 삼척동자라도 알 일이었다.

이 아니라면 간과할 수가 없는 함정이라든가, 그 밖의 별로 중요하지도 않은 일에 너무나도 정신을 빼앗겨 최종 결과를 소홀히 한다. 그들은 초점을 잃은 것이다.

나는 호화찬란한 행사에 수없이 초대를 받는다. 이런 행사들은 화려하고 흥미진진하고 재미있을 수도 있지만, 나는 실제로 이들이 얼마나 효율적일까, 궁금해지는 경우가 종종 있다. 대부분의 경우 아이디어와 실행은 훌륭하고, 더러는 정말 두드러진다. 그렇지만 커다란 판매실적을 올리지 못하는 행사도 자주 보게 된다. 그것이 정말 중요한 점인데도 말이다.

우린 모두 창의적인 아이디어, 멋들어진 이벤트, 아름다운 사물들을 좋아하고, 나도 내 삶에서 그런 것들을 누리기 위해 언제나 노력한다. 그러나 비즈니스의 세계에서 그런 것은 수단이지 목적이 아니다. 행사, 광고, 프러모션 등은 그 자체가 목적은 아니다. 그것은 사람들의 주의를 끌어 판매를 증가시키기 위해 존재한다. 그런 걸 갖고 있으면 입구에 ―혹은 회의실에― 발을 들여놓을 수 있게 도와줄지는 모르나, 그래도 거래를 마감하고 판매를 성사시키는 것은 여전히 여러분의 몫이다.

초점을 잃기란 쉬운 노릇이다. 가장 매력적이고 사람을 혹하게 만드는 포장에 쌓여서 전달되는 것들이 어디 한둘인가? 숨이 턱 막힐 정도로 아름다운 것도 많겠지만, 그런 데 혹하지 말라. 가장 중요한 것에 끈덕지게 초점을 맞춰놓고 모두를 능가하도록 *애쓰라.* 마음이 산만해지면 안 된다. 막상 중요한 일에 계속 초점을 맞추라, 그렇지 않으면 여러분이 축출逐出될 수도 있다.

트럼프 씨, 물어볼 게 있어요
[트럼프 대학교 블로그를 방문한 사람들의 질문]

문問

개인적으로 뛰어난 자질도 있고 근무 관행도 훌륭한데, 아무래도 판매 목표에 도달하지 못하는 팀 멤버들을 코치해주는 가장 좋은 방법은 무엇일까요?

DJT

비즈니스는 결국 돈을 버는 것입니다. 비즈니스가 생존하려면 수익이 있어야지요. 지나치게 단순화하는 것으로 들릴지 모릅니다만, 그게 사실이잖아요. 판매 팀에게 뚜렷하게 말하세요 — 그들이 판매를 이룩하지 못한다면 당신의 비즈니스도 끝장이고 그들도 일자리를 잃게된다고. 회사의 성공을 위해 그들의 생산성이 얼마나 중요한지를 강조하세요. 그들의 강점을 지적하고 그런 강점을 바탕으로 성과를 이루어 나가라고 격려하세요. 그런데도 만약 당신이 준 판매목표를 그들이 달성하지 못한다면, 그들은 어쩌면 그 일에 적임자가 아닐지도 모르겠습니다. 아무리 능력이 출중해도 판매에 재주가 있는 사람이 있고, 그렇지 못한 사람이 있는 법이죠. 그들의 장점이 당신의 조직 내 다른 부분에 더 적합한 것은 아닌지 살펴보세요.

내가 데리고 있는 판매직원 중에도 판매보다는 부동산 개발에 훨씬 더 자질을 보이는 사람이 있었답니다. 그래서 이 친구를 프로젝트 관리 팀으로 옮겨주었더니, 너무나 소중한 자산이 되었지요. 직원들이 훌륭한 재능은 지니고 있는데 성과가 좋지 못하다면, 그들의 숨은 재능을 찾고 그 재능이 빛을 발할 수 있는 영역을 찾아주세요.

부록

한눈에 보는 **트럼프**의 **조직**

부동산 포트폴리오

뉴욕

1) Trump Tower
2) Trump Parc & Parc Estate
3) Trump Park Avenue
4) Trump Place
5) Trump International Hotel & Tower
6) 610 Park Avenue
7) 40 Wall Street
8) Trump Palace
9) Trump Tower at Westchester
10) The Residences at Trump National

로스앤젤레스

1) The Estates at Trump National

시카고

1) Trump International Hotel & Tower

플로리다

1) Trump International Hotel & Tower
2) Trump Hollywood
3) Trump Tower Tampa
4) Trump Towers
5) Trump Grande
6) Trump Las Olas Beach Resort
7) The Mar-a-Lago Club

라스 베이거스

1) Trump International Hotel & Tower

그레너딘즈 커누언 섬

1) Trump Island Villas

대한민국 – 서울

1) Trump World

캐나다 – 터론토

1) Trump International Hotel & Tower

개발 중인 부동산

1) 하와이 주 호놀룰루
2) 브라질 – 사웅파울로
3) 루이지애너 주 뉴올린즈
4) U.A.E. – 두바이
5) 뉴저지 주 저지시티
6) 파나마 파나마시티(Trump Ocean Club)
7) 뉴욕 주 웨체스터(Westchester)

판매 및 모기지

1) Trump Sales & Leasing
   (주거용 부동산 판매와 리스)

2) Trump Mortgage

골프 클럽

1) 캘리포니아 주 로스앤젤레스
   Trump National Golf Club

2) 뉴저지 주 베드민스터
   Trump National Golf Club

3) 뉴욕 주 웨체스터
   Trump National Golf Club

4) 플로리다 웨스트 팜비치
   Trump International Golf Club

5) 그레너딘즈 커누언 섬
   Trump International Golf Club

6) 스코틀랜드
   Aberdeen Golf Club

카지노 리조트

1) 뉴저지 주 어틀랜틱 시티
   Trump Taj Mahal Casino Resort

2) 뉴저지 주 어틀랜틱 시티
   Trump Plaza Hotel & Casino

3) 뉴저지 주 어틀랜틱 시티
   Trump Marina Hotel Casino

4) 그레너딘즈 커누언 섬
   Trump Club Privée

엔터테인먼트

1) *어프렌티스* (The Apprentice)

2) Trumped : The Radio Show

3) 트럼프 미인대회 (Trump Pageant)
   – 미스 유니버스, 미스 유에스에이,
   미스 틴 유에스에이

4) 월먼 앤드 래스커 스케이팅 링크
   (Wollman & Lasker Skating Rinks)

트럼프 대학교 교육 과정

1) 부동산

2) 기업가정신

3) 관리

4) 부의 창조

머천다이징

트럼프 컬렉션 :

1) 남성 양복

2) 소형 가죽제품

3) 넥타이

4) 안경류

5) 드레스 셔츠

6) 스포츠웨어

7) 커프 링크스

8) 시계류

저서 :

1) Trump : The Art of the Deal

2) Trump : The Best Real Estate
   Advice I Ever Received

3) Trump : Think Like a Billionaire

4) Trump : The Way to the Top

5) The America We Deserve

6) Trump : How to Get Rich

7) The Art of the Comeback

8) Trump 101 :
   The Way to Success

9) Trump : The Best Golf Advice I
   Ever Received

남성용 향수 :

Trump : The Fragrance

트럼프 아이스 :

천연 광천수

여행업

GoTrump.com, Travel Trump Style
전반적인 서비스를 제공하는 여행사

음식료 및 식당

Trump Buffet

Trump Ice Cream Parlor

Trump Bar

Trump Tower Grill

Trump Catering

다시 세계의 리더로
도널드 트럼프

초판 1쇄 발행 2024년 8월 8일
초판 2쇄 발행 2024년 11월 18일

지은이 | 도널드 J. 트럼프
옮긴이 | 권기대
펴낸이 | 권기대
펴낸곳 | ㈜베가북스

주소　　|(07261) 서울특별시 영등포구 양산로17길 12, 후민타워 6-7층
대표전화 | 02)322-7241　　　**팩스 |** 02)322-7242
출판등록 | 2021년 6월 18일 제2021-000108호
홈페이지 | www.vegabooks.co.kr　**이메일 |** info@vegabooks.co.kr
ISBN | 979-11-92488-87-5 (13320)